日本語のしくみ（5）

－日本語構造伝達文法 W－

JN062468

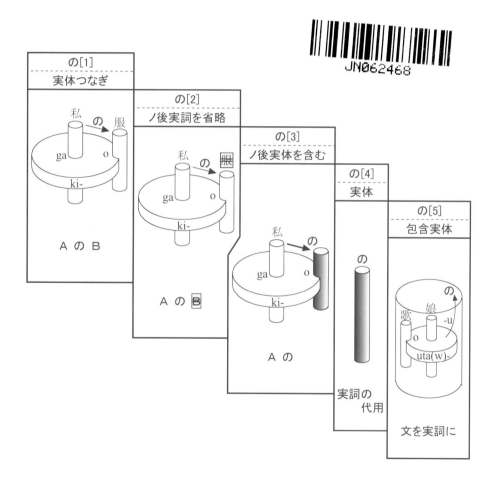

今 泉 喜 一

まえがき

ちょっと厚め

この『日本語のしくみ(5)』は以前のものより若干厚めになっています。実は，W6章，W7章は，実体(名詞)の修飾を扱うはずの次回まわしにしたほうが，本当は美しかったのですが，しかし，そんな悠長なことを言っていてよいのか，70 歳を過ぎていつまで健康でいられると思うのか，次回は本当にあるのか，と自問したわけです。出せるときに出しておこう，ということです。

中国語版

今回は，特筆すべきことが一つあります。『日本語構造伝達文法』の中国語版が出版されました。

『日本語構造伝達文法』は 2000 年に初めて出版したのですが，その 2012 年版を，中国の首都師範大学で教職に就いている孫偉氏が，大学から出版してくれました。

『日本语构造传达文法』 今泉喜一 著，孙伟 译，首都师范大学出版社，2018

孫偉氏はこの文法の中の，特に時相の考え方を参考にして，中国語の時相について精力的に研究を進めています。中国語独自の時相の問題にも取り組んでいます。

その孫偉氏は，この本の翻訳は楽しかったと言ってくれています。

韓国語版(出版はしていません。)に続く，2言語目での翻訳となりました。

本書では4つのことを扱う

本書はW7章まであり，次の4種類の事項を扱っています。

　[1] 構造形成の力　「構造形成に働く5つの力」(W1章)
　[2] 格　　　　　　「格」(W2章)，「格表示の歴史」(W3章)
　[3]「の」　　　　「『の』の拡張5段階」(W4章)，「『の』の9相」(W5章)
　[4] 実体の分類　　「実体の分類Ⅰ(形式)」(W6章)，「実体の分類Ⅱ(肯否)」(W7章)

次に，それぞれの事項を説明します。

[1] 構造形成の力

W1章においては，ことばを使うときに働く力について考えます。

私たちは物体，たとえば石を見て，そこに力が働いているとはふつう感じませんが，$E＝mc^2$ という方程式により，物体が存在するためにはとてつもなく大きな力が働いているのだということを教えられます。

これを参考にして考えれば，ことばにも，つまり，そのもととなる構造（実体と属性，それを関連づける格から構成される。）に力が働いているはずです。構造を伝達する際に，構造そのものに働く力もあり，個人辞書を含む個人百科事典に働く力もあるはずです。……それぞれの力について考えます。

[2] 格

W2章においては,「格」について考えます。「格とは,実体と属性を論理的に結びつける力である」と定義します。これは,語弊はありますが,分かりやすく言えば,「格は名詞と動詞の接着剤」といえます。「格」がなければ,名詞や動詞は構造を作ることができません。文を作ることができません。……この「格」について,主格,目的格,一般格,優先格,同名格についてなど,考えます。

「格」は,「実体」(名詞)のこの世の中における,属性(動詞等)とのあり方を示すもので,ものごとの様態を示そうとするものです。日本語とか英語とかに関係なく,人間は「格」を把握しています。その把握の法則性は,将来,きっと明らかにされるでしょう。

W3章においては,格が現在の形で表示されるようになった歴史を考えています。主格,目的格は優先格なので,昔はその表示が必要なかったこと。「を」はもともと「間投描写詞」で,今日では目的格や,そのほかの格も表すようになったこと。「に格」はしっかり表示されていたこと。格の明らかなものは格表示されないこと。「が」や「で」が比較的新しい格表示であること。さらに,準格詞についても述べています。

[3]「の」

W4章においては,「の」が歴史的に5つの段階を踏んで今日に至っていることを示します。①「私の服」,②「私の册」,③「私の」,④「私が着るのはこれだ」,⑤「彼が歌うのを客席で待つ」の5段階です。(国語文法は,西洋文法にならっているので,「の」が格を表すということにしています。「格」の定義が違います。西洋文法の「格」は名詞の形態変化をさしています。)本文法の定義では,「の」は格を表しません。

W5章においては,「の」に関わる9種の問題を扱っています。①「秋田のバス」「秋田へのバス」,②「こどもを愛する」「こどもへの愛」,③「雨が降るので家にいる」,「雨が降るのに山へ行く」,④「あした学校へ行くのです/行くの?」,⑤「魚のおいしいの」,⑥「結婚するの望み」,⑦「自由の女神」,⑧「この」,⑨「UFOを見たのは彼だ」

[4] 実体の分類

W6章においては,実体が構造においてとる形式が8種類あることを述べます。実体は基本的に円柱の形をしていますが,8種類それぞれが個性を持っています。

　①普通実体(A〜F),②疑問実体,③不特定実体,④円筒実体,⑤転成実体,
　⑥包含実体,⑦形容実体,⑧否定実体

W7章においては,実体(客体)を肯定,否定1,否定2との関わり方の違いで,A型客体〜E型客体の5種類に分けます。……A型客体は肯定だけに関わる客体,B型客体は肯定と否定1に関わる客体,C型客体は肯定と否定1,否定2に関わる客体,D型客体は肯定と否定2に関わる客体,E型客体は否定2だけに関わる客体です。

これは「副詞」ではないかと思う人もあるかもしれません。国語文法では「副詞」という品詞を設定しますが,構造上には「副詞」とよべる要素はありません。

練習問題

　多くのページの下部にある問題に答えてみてください。その章節で扱われている事項について理解を深めることができるものと思います。念のため解答例も示してありますので参考にしてください。

参照箇所

　各節の先頭ページなどの右肩に，参照箇所が示してあります。参照箇所には本書より詳しい記述がなされていることもありますので，参照いただければ幸いです。その参照箇所を示す記号については次をご覧ください。

参照箇所を表示する記号

　「日本語構造伝達文法」にはすでに9冊の本があります。その9冊の中の特定の章節を参照する必要があるときは，次のような記号を使って表示します。
　①『日本語構造伝達文法』の中の章節…『文法』3.1 あるいは単に 3.1 ／3章
　②『日本語構造伝達文法　発展A』の中の章節… A 3.1 のように「A」が付きます。
　③『日本語態構造の研究－日本語構造伝達文法　発展B－』の中の章節
　　　　　　　　　　　　　　　　　　… B 3.1 のように「B」が付きます。
　④『主語と時相と活用と－日本語構造伝達文法　発展C－』の中の章節
　　　　　　　　　　　　　　　　　　… C 3.1 のように「C」が付きます。
　⑤『日本語・中国語・印欧語－日本語構造伝達文法　発展D－』の中の章節
　　　　　　　　　　　　　　　　　　… D 3.1 のように「D」が付きます。
入門書
　⑥『日本語のしくみ (1) －日本語構造伝達文法　S－』の章節…「S」が付きます。
　⑦『日本語のしくみ (2) －日本語構造伝達文法　T－』の章節…「T」が付きます。
　⑧『日本語のしくみ (3) －日本語構造伝達文法　U－』の章節…「U」が付きます。
　⑨『日本語のしくみ (4) －日本語構造伝達文法　V－』の章節…「V」が付きます。

ホームページ

　「日本語構造伝達文法」はホームページでも情報発信を行っています。このサイトは簡単に「ニコデブ」(**日本語構造伝達文法**の略)で検索することができます。
　　　　　http://www012.upp.so-net.ne.jp/nikodebu/
　このサイトでは，著書『日本語構造伝達文法』と，『日本語構造伝達文法　発展A』が読めるようになっているほか，「不思議ノート」があり，また，かなりの部分がPDFとパワーポイント（アニメーション活用）で掲載してあります。

研究会

　小さな研究会ですが，JR八王子駅近くで月1回開いています。研究会の日時，場所等の案内はホームページにあります。関心のある方はお気軽にご参加ください。
　　　　　　　　　　　　　　　　　　　　　　2020 年 4月　今泉喜一

目　次

日本語構造伝達文法の歌・4

作詞・作曲　今泉喜一
助言　澁谷郁代

1　風が吹くと　時に　思い出す
　　聞くまま信じた　はたちの頃は
　　格とは何か　分からなかった
　　風が吹いて　そっと　ささやいた
　　（風）「実体と属性の　論理関係」
　　（風）「格に備わる法則だけは　波に聞け」

2　格は結ぶ　強く
　　実体と　動詞，形容詞，態の属性を
　　構造を作る　かなめの力
　　（私）「格の数は，波よ，いくつある」
　　寄せては返し　とどろく波は　返事にたゆたい
　　（波）「その法則は　自己に聞け」

3　2時に会える　君に　久しぶりに
　　君にもらった　シャツに着替えて
　　バスに乗って行き　そちらに着いて
　　君に見せたい　ものが　ここにある
　　- -
　　（私）「格のしくみは　どのようなものか」
　　（私）「事象をいかに　捉えているのか」
　　（私）「自己に問う」

この曲では「格」と「格の法則把握への願い」について歌っています。

[1番]　若いころは，「格」について，教えられるままに，「名詞類が文の中で他の語に対して持つ関係である」と理解していました。しかし，これでは機能の大きく異なる「の」も格になってしまいます(「の」の機能については本書W4章，W5章を参照)。「格」とはいったい何なのか。……そんなとき，風が教えてくれました。**「格とは実体と属性の論理関係だ」**と。しかし，「格に備わる法則」については教えてくれず，「波」に聞け，とのことでした。

[2番]　「格」は構造をつくる要の力です。**「格」は，物が存在様態とどのように関わるのかを示しています。**この関係のあり方を整理する法則が見つかれば，格をもれなく把握することができるようになるはずです。……この法則について，「波」に聞きました。が，波は答えてくれず，自己の内なる自然に聞け，とのことでした。

[3番]　「格」は実にいろいろな論理関係を表します。ここには「に格」の例を，9つだけですが，挙げてみました。……**人間の表現しようとする論理関係はいったいいくつあるのでしょうか。**これを捉える**法則**を知りたいと思います。尋ねていけば，内なる自然は，いつか教えてくれるでしょう。

　歌謡教室に通うまえは，カラオケに歌いやすい曲と歌いにくい曲があると感じていました。キーを上げるとか下げるとか言う人もいましたが，私は無頓着でした。

　歌謡教室に通い始めて，やっと気がつきました。……教室では初めにカラオケのキーのままで歌いますが，次に先生が「3つ上げましょう」と，キーを上げます。すると，なんということでしょう，格段に歌いやすくなります。表現の自由度が増します。このとき初めて，**キーの大切さ**を理解しました。ちなみに，キーの1度は半音です。

　美空ひばりやペギー葉山，中曽根美樹などの女性歌手の歌を歌うときは，5度も上げます。女性歌手で，もともと高いのを，男が歌うのだから，キーは下げるのではないかと思いますが，大違い。上げるのでした。

　DAMのカラオケでは，私は，「青い山脈」は＋3，「修学旅行」も＋3，「高校3年生」は＋2です。

　その人に合ったキーがあるということを痛感しています。ということは，ひょっとすると，文法にも，その人に合った考え方というものがあるのかもしれません。

　私は，**自分だけは納得のできる文法**を作っていますが，人によっては，従来の国語文法のほうが自分の思考方法にかなっていると考えるかもしれません。そう，大多数の日本人はそうかもしれません。……つまり，ということは，私が異常なのですか。……文法では違いますが，人は，歌だけは，自分のキーで歌うのがいちばんです。

W1章　構造形成に働く5つの力

　この章では，構造形成と，構造伝達と，構造理解に5種類の力が働いていることを述べます。

W1.1 E＝mc²　(2)

　　エネルギーから物質が生じるように，表現意欲から言語が生じます。

W1.2 構造形成に働く5つの力　(3)

　　物質形成に大きな力が働くように，構造形成にも大きな力が働きます。

W1.3 5つの力はまだ数値化できない　(6)

　　5種類の力は，まだ数値で表されていません。

無から有を生じる？

　素朴な疑問があります。言語はどのようにして生まれるのか，という疑問です。
　ホモ・サピエンスは言語能力を持って発生しました。「能力」そのものは，見え
ませんから，「無」のように感じられます。一方，その能力によって生みだされる
言語は，音声で表現され，聞こえますから，「有」として認識されます。
　人間は，「無」から「有」を創りだしてきたのでしょうか。

E＝mc²

　物理学では，「宇宙は，無から有が生じたものか」という疑問に，この方程式
で答えました。「質量とエネルギーの等価性」を表すものです。

$$E = m c^2$$

この方程式は次のことを表しています。

　　　エネルギー ＝ 質量 × 光速度の2乗

　この方程式によれば，「無」のように見えるエネルギーが，「有」として認識でき
る形をとったものが物質であり，形をとるためにとてつもないエネルギーが働い
ている，ということです。

（もし，「エネルギー」を「有」とみれば，宇宙は「無」から生じたものではないということにな
り，「有であるエネルギー」はどうして生じたのか，が疑問となります。）

　さて，この方程式の ＝ を →，← に変えればこういうことになるでしょうか。

　　　　　$E \rightarrow m c^2$　　エネルギーを物質に変換する
　　　　　$E \leftarrow m c^2$　　物質からエネルギーを取り戻す（原子力）

　言語について考える私たちにとって，この方程式は示唆的です。もちろん，比
喩的にではありますが，この方程式にならえば，こういうことになるでしょう。
ただし，「言語」は脳の中で発生します。また，「言語」を，その第1段階である「構
造」として表現します。「構造」は，すでにモデルにより可視化されていますので，
「有」として認識されるものとします。

　　　　表現意欲 ＝ 構造[この中に強い力が働いている]

　これは，「無」のように見える「表現意欲」が「有」として認識できる「構造(言語)」
の形をとり，構造の中にとてつもない力が働いていることを表します。

　ここでも，＝ を →，← に変えてみますが，← は，E＝mc²と異なり，その
ままでは成立しないと考えられます。このため，取り消し線を施しました。

　　　　表現意欲 → 構造[中の強い力]　　　表現意欲を構造に変換する
　　　　~~表現意欲 ← 構造[中の強い力]~~　　　~~構造から表現意欲を取り戻す~~

構造を作るために働く大きな力

　E＝mc² という方程式が示すことは，物質が形をなすために，とてつもない力が働いている，ということです。言語を研究する私たちが，この方程式から示唆を受けることは，「構造」を形成するときにとてつもない力が働くのではないか，ということです。そこで，「構造」の中を改めて検討してみたいと思います。

　「①実体」と「②属性」と「③格」，この3者それぞれとその作り出す「④構造」，それに「⑤個人百科事典に働く力」を検討すればよいことになります。

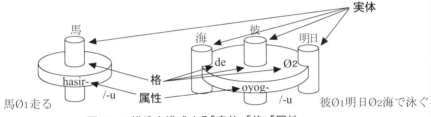

図W1-1　構造を構成する「実体」「格」「属性」

① 実体に働く力

　上の図で「実体」に当たるのは，「馬・海・彼・明日」です。「実体」は属性が縦に集合したもので，棒の形をしています。

図W1-2　実体

　　　　　　　　　　　　（S1.3参照　Sコラム3参照）

　「海 umi」と「馬 uma」は1音ちがうだけですが，意味はまったく異なります。「um」では意味は分かりませんが，「umi」と言った瞬間に意味が分かります。このとき，「umi」という実体は脳内にある個人百科事典の「海」と結びつくものと考えられます。（この結びつきは，当然のことと考えますので，構造モデルには表示しません。）

図W1-3　「umi」が「海」と解釈される

　つまり，「実体に働く力」には，2とおりのものが考えられます。「属性」を縦に集める力と，実体を個人百科事典で解釈する力です。（「個人百科事典」は個人の経験とともに増大します。忘れられる内容もあります。市販の事典とは異なります。）

② 属性に働く力

　図W1-1 で「属性」に当たるのは，「hasir-」「oyog-」
です。「属性」は実体が横に集合したもので，円板の
形で表現します。(S1.3参照　Sコラム3参照)

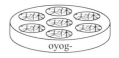

図W1-4 属性

「泳ぐ」
脳内の個人百科事典

図W1-5 「 oyog-」が「泳ぐ」と解釈される

　「属性に働く力」の場合も，働く力は2とおりあるものと考えられます。「実体」を
横に集める力と，脳内の個人百科事典で解釈する力です。

③ 格に働く力

　「格」は「が,を,に,で」等の「格詞」で表現され，
実体と属性の論理関係(意味関係)を示します。
構造図では円板上の位置で示されます。

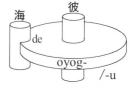

図W1-6 「で格」で結びつく

　たとえば，実体「海」と属性「泳ぐ」は，「で
格」や「を格」などの論理関係を持っています。

　　　　海で泳ぐ

　　　　海を泳ぐ

　その「格」が結びつけることのできる実体と属性がどのようなものであり，結び
つけたときにどのような意味が生じるかは，「個人百科事典」が教えてくれます。

　「海で泳ぐ」の「で格」なら，結びつける実体と属性は，実体が行為の行われる場
所(海)であり，属性が行為(泳ぐ)である，という関係にあります。

行為の行われる場所を表す｜実体	⇔ で格 ⇔	行為を表す｜属性

図W1-7 格は意味で実体と属性を結ぶ

　この「で格」の「意味」は，「実体の示すものが行為の行われる場所である」です。

「で格」
脳内の個人百科事典

図W1-8 「 de 」が「で格」と解釈される

　「格に働く力」の場合も，2とおりあります。「実体」と「属性」を論理関係で結び
つける力と，「格」「格詞」を脳内の個人百科事典で解釈する力です。

④ 構造に働く力

　「実体・属性・格」それぞれに働く力を見ました。次にこれらの作り出す「構造」に働く力を見てみます。

　「彼が海で泳ぐ」という構造なら，ここに働くのは「実体・属性・格」それぞれに働く力の総体として理解できます。しかし，「四面楚歌」の場合はどうでしょう。

　「四面楚歌」の構造は下図のようであり，私たちはこのように理解してます。

四面で敵の兵士が歌う歌は
楚(の国)で人々が歌う歌だ。

W1-9 四面楚歌（四面で楚の歌が歌われている）

　「実体・属性・格」にはそれぞれの力が働いていますが，この構造の場合，そのままでは「楚」は敵国だと誤解してしまいがちです。この構造には「楚は自分の国である。」という特有の情報が必要です。この情報があれば，敵方の作戦により「いまや，味方の兵士が降伏して，敵国の兵士となってしまったようだ。」と思わされてしまったことが理解できます。兵士に楚の国の歌を歌わせるのが敵の作戦でした。

　このような，ある構造の理解に必要な情報は，個人百科事典に記載があります。

| ある構造 | | その構造理解に必要な情報　脳内の個人百科事典 |

図W1-10 ある構造を，情報を加えて解釈する

　この情報は，何らかの学習によって個人百科事典に記載されるものですから，聞き手の個人百科事典にあるかどうかは分かりません。つまり，構造そのものの意味は伝えられても，伝えたいことが伝わっているかどうかは分かりません。

　これは，「筆が立つ」といった慣用句，「両手に花」といったことわざ等々に共通していて，構造を伝えるだけでは正確に意味が伝わりません。

⑤ 個人百科事典に働く力

　脳内にある「個人百科事典」は，その人固有の事典で，その人の経験に基づいて情報が追加されていきます。この個人百科事典には「個人辞書」も含まれています。

　「うちにはめだかが3尾いる。」という情報は個人百科事典にはありますが，市販の百科事典にはありません。個人百科事典はその人の生きている間は情報が増え続けます。（もちろん忘れて消える情報もあります。）

　このような個人百科事典に働く「力」があります。それは，事典・辞書に情報を記載したり，事典を維持したり，事典を活用したりする力です。

W1.3　5つの力はまだ数値化できない

力の数値化は可能？

　$E＝mc^2$という式を参考に，「構造」を形成するときにとてつもない力が働くと考えます(W1.1)。これは，確かにそのとおりだと考えられますが，脳内に働くこの力は，今のところ，数値で表せません。

　脳内で，たぶん電気的信号の動きによって，構造に相当するものが構成されるのでしょうが，私たちはそのための電気的信号の動きを知りません。それを表す単位も知りません。つまり，「構造」が形成されるために働く力はまだ数値化できないのが現状です。

　ここに脳内に働いているであろう力の種類を一覧表の形でまとめておきます。(音声を発するために働く力は，ここには含めません。)

表W1-1　構造形成のために脳内に想定される5つの力

	働く対象	力の内容
①	実体	属性を縦に集める力　実体を個人百科事典で解釈する力
②	属性	実体を横に集める力　属性を個人百科事典で解釈する力
③	格	実体と属性を論理関係で結ぶ力　格詞を個人事典で解釈する力
④	構造	構造の正確な理解のために個人事典にある情報を適用する力
⑤	個人事典	情報記載の力，個人事典を維持する力，個人事典を活用する力

日本語文法研究が普遍性とつながる

　私たちは日本語のしくみを解明するつもりで研究しています。しかし，研究が進んでくると，日本語のしくみには，日本語に限定されない要素も数多くあるのではないかと考えられてきます。

　たとえば，本章で触れている，構造に働く5つの力は，あらゆる言語に共通した要素ではないのかと思われます。……ほかに，時相についてのモデルなども普遍性がありそうです。

　私たちは，日本語の研究を通して，実は，人間の言語のしくみそのものを明らかにしようとしているのかもしれません。

問W1-1　聞き手に構造を再現してもらえれば，伝達は完了したといえますか。
問W1-2　市販の百科事典と個人百科事典の大きな違いは何ですか。
問W1-3　「頭がいい」という表現が，褒め言葉にも皮肉にもなるのはなぜですか。

W2章　格

優先格		非優先格	
主格	目的格	一般格	
Ø1，が	を目┊を	に，へ，で，と，から，より，まで，Ø2	
主格		客格	

[**W2.1 格**]　　　格……実体と属性の論理関係　　　　『文法』1章，2章，S1.1

[**[1] 格**]　　　　　実体を名詞，属性を動詞と考えると，分かりやすくなります。

「格」とは，構造において，**実体と属性を論理(意味)的に結び付ける力**です。
「格」とは，**実体と属性の論理関係(意味関係)**であると言うこともできます。

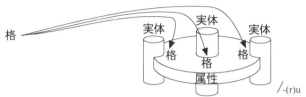

図W2-1 格は実体と属性を論理的に結びつける

1つの例で考えてみましょう。

　　　彼-Ø1 彼女-to 音楽-o kik-u　　（彼，彼女と音楽を聞く）

構造は下図のようになっています。

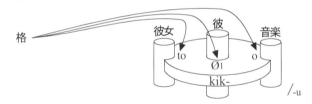

図W2-2 彼-Ø1 彼女-to 音楽-o kik-u

この例で，**実体**「彼女，彼，音楽」は，**属性**「聞く kik-」と次の**格**(論理関係)を持っています。

　　　実体「彼女」……**属性**「聞く kik-」と **格**「to」(一緒に) の論理関係
　　　実体「彼」………**属性**「聞く kik-」と **格**「Ø1」(動作の主体) の論理関係
　　　実体「音楽」……**属性**「聞く kik-」と **格**「o」(動作の対象) の論理関係

　日本語では，**格**(論理関係)は，下表のように，**「主格」**と**「客格」**の2種類に分類できます。**11 の格**として示されます。

　　表W2-1　主格と客格のリスト

主格	客格
Ø1，が	を，に，へ，で，と，から，より，まで，Ø2

問W2-1 本文法でいう「格」と，国語文法のいう「格」とは同じものですか。
問W2-2 構造を作る3要素とは，実体と属性と何ですか。その機能は何ですか。
問W2-3 構造において，実体が何の格にもないということはありますか。

[2] 格の表示位置

「格」は構造上では，属性の板での位置として表示されます。

主格　　<u>「Ø1格」と「が格」</u>は「**実体は，その属性の主体である**」という論理関係を示
し，属性の板の中央(ないしは，周辺から離れた内側)に位置を取ります。
（「Ø1格」と「が格」の違いについては，S1.3 参照。）

図W2-3 主格は中央に

図W2-4 彼Ø1 hasir-u

図W2-5 彼が hasir-u

客格　　そのほかの格は，「**実体は，その属性の客体である**」という論理関係を示
します。客格は属性の板の周辺に位置を取ります。

図W2-6 客格は周辺に

構造例

それで，既出の例「彼，彼女と音楽を聞く」の構造は下左図のようになるわけ
です。「彼，東京から福島にバスで行く」なら，構造は下右図のようになります。

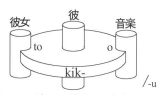
図W2-7 彼-Ø1 彼女-to 音楽-o kik-u

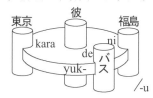
図W2-8 東京-kara 福島-ni バス-de yuk-u

- -

「は wa」は格を表しません。目立たせるだけです。（ S1.4 とS1.5 を参照。）
　　　彼-Ø1-<u>wa</u> 彼女-to-<u>wa</u> 音楽-o kik-u 。
　　　東京-kara 福島-ni-<u>wa</u> バス-de yuk-u 。
　　　これ-[o]-<u>wa</u> yom-u 。あれ-[o]-<u>wa</u> yom-ana.[k]-i 。　　（ [ ] の中は発音しません。）

[3] 構造を伝達する Cコラム5

　構造は，日本語話者の頭の中にある判断を表します。この構造を他者に伝える
ときは，この構造のままでは伝えられませんから，この構造を1要素ずつ音声に
よる言語形式で**描写**して，時間をかけて音声(文字)で伝えます。文にします。

　音声で描写すると，それぞれの要素は次のような**詞**になります。

```
実体（主体，客体）　→　実詞　（主語，客語）
格　　　　　　　　　→　格詞
属性　　　　　　　　→　属性詞　（動詞，形容詞，態詞，助動詞）
```

　格は実体と属性の論理関係なので，**格詞**は，次のように ｜実詞｜ と ｜属性詞｜
の間に置きます。(英語では，実詞と属性詞の位置が入れ替わります。)

｜実詞｜　　格詞　　｜属性詞｜

図W2-9　格詞は実詞と属性詞の間に置く

　これを「彼Ø1彼女-音楽を聞く。」という文で示せば，格詞が実詞と属性詞の間
にあることが確認できます。

図W2-10　彼-Ø1 彼女-to 音楽-o kik-u

[4] 文中に無格の実詞はない

　構造では，構造図に見るように，実体は必ず属性と格関係があります。という
ことは，つまり，実体が実詞として文の中にあるときは，必ず属性詞と格関係を
持っていることになります。<u>無格ということはありません</u>。

　　　明日映画を見る。

の例で，「明日」という実詞は，「に」などの格詞を伴っていないので，「無格」の
ようです。が，「明日」は，属性詞「見る」との論理関係では「動作の生起する時」
を表します。**格（論理関係）はあります**が，わざわざ格を表示しなくとも意味が分か
るので**格詞は必要ありません**。主格以外のこのような格を「Ø2格詞」で表します。

　　　明日<u>Ø2</u>映画を見る。

　このØ2格は，「**格はあるのに格詞がなくて済んでいる格**」で，いわば「**無格詞の格**」
です。……文中には**無格の実詞(名詞)はありません**。<u>無格詞の実詞</u>があるわけです。

W2.2 主格と目的格　　　当然ある格　　　　　　　　S1.3

　ある属性があれば，**主格実体**（主語）は無意識にもせよ，必ず存在します。また，その属性が他動詞であれば，**目的格実体**（目的語）も必ず存在します。

　必ず存在するものは，格詞を使って論理関係を示す必要はありません。

(1)　<u>彼</u>，笑う。　　　（属性は**自動詞**）
(2)　<u>彼</u>，<u>水</u>，飲む。　（属性は**他動詞**）
(3)　<u>彼</u>，おもしろい。（属性は**形容詞**）

主語		自動詞
主語	目的語	他動詞
主語		形容詞

図W2-11 必ず存在する要素

図W2-12 自動詞　　**図W2-13 他動詞**　　**図W2-14 形容詞**

　歴史的には，もとは，主格や目的格の表示は「∅」でした（pp.24-25，pp.28-31）。上の例の「彼」や「水」にあたるものは，もともと，伝達にあたって格を表示する必要はありませんでした。しかし，中世になって，漢文訓読の影響で，格関係を明示することになりました。それで，以下のようなことになりました。

　第1主格はそれまで同様，「∅₁」で示されましたが，音形式がないので，「は」を伴うことが多くなりました。（「は」は格を表しません。「相対化描写詞」です。）

(1a)　<u>彼∅₁</u>は 笑う。　　　（自動詞）
(2a)　<u>彼∅₁</u>は 水を 飲む。（他動詞）
(3a)　<u>彼∅₁</u>は おもしろい。（形容詞）

第2主格，第3主格は「が」で示されるようになりました。

(1b)　<u>彼が</u> 笑う。　　　（自動詞）
(2b)　<u>彼が</u> 水を 飲む。（他動詞）
(3b)　<u>彼が</u> おもしろい。（形容詞）

目的格は「を」で示されるようになりました。

(2c)　<u>彼∅₁</u>は 水<u>を</u> 飲む。（他動詞）
(2d)　<u>彼が</u> 水<u>を</u> 飲む。（他動詞）

　現代語では，特に書き言葉では，格詞は明示されます。（∅₁格，∅₂格を除いて）

問W2-4 他動詞があれば，必ず何がありますか。

W2.3 優先格 　　　　　　　　　　　　　　　　　　　　　　　　　『文法』p.101

---

[1] 主格と目的格は優先格 　　　「格」には「優先格」と「非優先格」があります。

たとえば，「彼（　）笑う」という表現の（　）の中に格詞を入れてください，と言われたら，どの格詞を入れますか。（下左図。「は」は格詞ではありません。）

自然な感覚では，主格詞である「Ø1」か「が」です。

　　彼(Ø1)笑う，彼(が)笑う　（下右図）

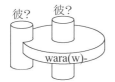　　　　　　　　　　　　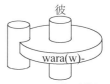

　　図W2-15 彼(　)笑う　　　　　　　　図W2-16 彼<u>が</u>笑う

しかし，「に，を，と，から，より」も可能性はあります。

　　彼(に)笑う，彼(を)笑う，彼(と)笑う，彼(から)笑う，彼(より)笑う

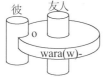　　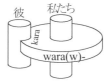　　

　図W2-17 彼<u>を</u>笑う　　　図W2-18 彼<u>から</u>笑う　　図W2-19 彼<u>より</u>笑う

とはいえ，<u>最初に思いつくのは**主格詞**です。</u>

では，次の表現では（　）の中にどの格詞を入れますか。

　　彼，お茶（　）飲む　　　（下右図）

主体はもうありますから，自然な感覚では「を」格詞です。……彼，お茶(を)飲む

　　　　　　　　　　　　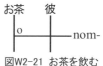

　　図W2-20 お茶(　)飲む　　　　　　図W2-21 お茶<u>を</u>飲む

しかし，「で，と，から，より」も可能性はあります。

　　お茶(で)飲む，お茶(と)飲む，お茶(から)飲む，お茶(より)飲む

　図W2-22 お茶<u>で</u>飲む　　　図W2-23 お茶<u>と</u>飲む　　図W2-24 お茶<u>より</u>飲む

とはいえ，この場合，やはり<u>最初に思いつくのは**を格詞（目的格詞）**</u>です。

つまり，主格と目的格は優先度が高いといえます。

表W2-2　主格・目的格は一般格より優先度が高い

優先格		非優先格	
主格	目的格	一般格	
Ø1, が	を目 ┊ を	に, へ, で, と, から, より, まで, Ø2	
主格		客格	

「を目」は「目的格の〈を〉」を示します。「を格」すべてが目的格ではありません。

なぜ主格と目的格が優先格？

すでに述べましたが(p.11)，ある属性があれば，その属性の持ち主，主格実体 (主体・主語) は必ず存在します。また，属性が他動詞であれば，その動詞の目的格実体(目的語) は必ず存在します。つまり，実体があれば，まず，主格実体，目的格実体と見なされやすいので，主格，目的格の優先度が高いわけです。

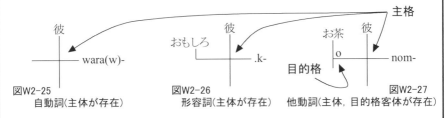

図W2-25　自動詞(主体が存在)

図W2-26　形容詞(主体が存在)

図W2-27　他動詞(主体, 目的格客体が存在)

優先格実体は，自明のときは，表現されないことが多い

主格が「私」の場合，次の(　)には何が入るでしょうか。

彼 (　) 見ました。　(図W2-28 , 図W2-29)

「を」でしょうか。主格実体が「私」のときは，「私」が省略されるので，目的格実体が入ると思われるからです。

日本語では自明な要素，つまり，分かっているのでわざわざ言う必要のないこと，は表現しないことが多いのですが，自明な要素が優先格実体の場合は特に省略されることが多いです。

いま，主格実体が「私」で，目的格実体が「彼女」であることが，相手にすでに伝わっているとき，両者は省略されやすいので，(　)にはもう優先格が入ることはなく，非優先格が入ることになります。(図W2-30)

彼 (と) 見ました。

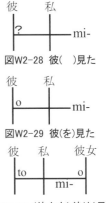

図W2-28　彼(　)見た

図W2-29　彼(を)見た

図W2-30　(彼女を)彼(と)見た

問W2-5　主格と目的格は他の格に比べて何が違いますか。

[2] まず優先格が決まる　　　　　　　図では mas-u の部分を省略

　日本語では優先格から決まっていきます。たとえば，次の文では（　）の中にどの格詞が入るでしょうか。（まだどの格も決まっていません。）

　　　母（　）行きます。（下左図）

　優先格を持つ実詞がないので，（　）の中には，ふつう主格の「が」（「Ø1」）が入るでしょう。（下右図）

　　　図W2-31　母（　）行く　　　　　　　図W2-32　母（が）行く

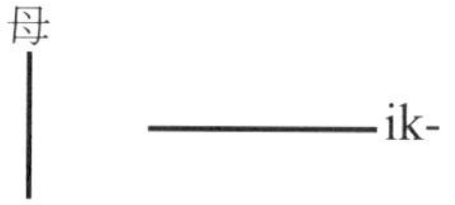

　主格が決まったあとでは，次の（　）の中には何が入るでしょうか。

　　　母が　妹（　）行きます。（下左図）

　動詞が**自動詞**であり，もう１つの優先格の目的格はありえないので，非優先格の「と」が入るでしょう。

　　　母が　妹（と）行きます。（下右図）

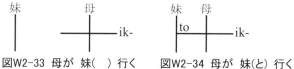

　図W2-33　母が　妹（　）行く　　　図W2-34　母が　妹（と）行く

　では，**他動詞**の場合はどうでしょうか。

　　　母が　兄（　）ほめます。　　（右図）

　動詞は他動詞ですから，入るべきはもう１つの優先格「を」です。一般格（と，から等）よりは目的格が優先しています。

　　　母が　兄（を）ほめます。　　（右図）

　では，両優先格の決まった次の場合はどうでしょう。

　　　母が　兄を　姉（　）ほめます。　（右図）

２種類の優先格はすでにありますから，非優先格「と」が使用されます。

　　　母が　兄を　姉（と）ほめます。　（右図）

　つまり，このように，<u>自然な感覚では，まず優先格が決まったのちに非優先格が出ます</u>。

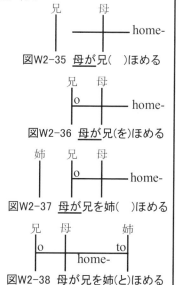

図W2-35　<u>母が</u>兄（　）ほめる

図W2-36　<u>母が</u>兄（を）ほめる

図W2-37　<u>母が</u>兄を姉（　）ほめる

図W2-38　<u>母が</u>兄を姉（と）ほめる

[3] 非優先格の中の優先性　　発話者・聞き手の意識内での優先性

　非優先格(主格・目的格以外の格)に属する格の優先性は**動詞(属性)**によって，また**状況のとらえやすさの傾向**によって決まります。

[集まる]　たとえば，

　　　会員は駅 (　) 集まる。　　(右図)

の(　)の中には「に」が入るでしょう。

　　　会員は駅 (に) 集まる。

　「集まる」という動詞では，[「集まる場所を示す「に格」]が優先性を持っています。とはいえ，「へ」「で」「から」「より」も可能ではあります。

　　　会員は駅 (へ／で／から／より) 集まる。

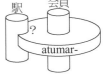

図W2-39　駅(　)集まる

[帰る]　次の場合はどうでしょう。

　　　彼は福島 (　) 帰る。　　(右図)

これは，「に」か「へ」でしょう。

　　　彼は福島 (に／へ) 帰る。

　しかし，「から」の可能性もあります。

　　　彼は福島 (から) 帰る。

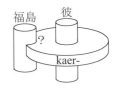

図W2-40　福島(　)帰る

「帰る」という動詞は，意識内で，今いる場所を起点にしやすく，実詞は帰着点を示しやすいので，「から」よりは「に，へ」格の優先性が高いようです。

[話す]　次の場合は「に」か「と」でしょう。

　　　彼はそれを友人 (　) 話す。(右図)

　　　彼はそれを友人 (に) 話す。[情報の伝達先]

　　　彼はそれを友人 (と) 話す。[話し相手]

　動詞が「話す」の場合，実詞は情報の伝達先としてのほうが，話し相手としてより優先性が高いようです。

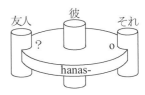

図W2-41　友人(　)話す

　しかし，これは**状況をどのように捉えやすい場合か**によって異なります。

　以上は一例ですが，このように，非優先格の場合は，動詞によって格の優先性が異なるといえます。また，状況をどう把握しやすい場合であるかによっても格の優先性が異なるといえます。

　この，意識内での格の優先性は，特に実詞(名詞)を動詞で修飾するときに影響があります。このことについては次項とA 16.7を参照してください。

問W2-6「運転者(　)見た」の(　)の中に入る格詞は何ですか。

[4] 優先性の確認　　格情報が消える……優先格で解釈　　A16.6 3)

たとえば，次の文は，すぐに理解できるでしょう。

(1) 彼が<u>歩いている</u> 道は新道だ。

では，次の文は，上と同じくらい理解しやすいでしょうか。

(2) 彼が<u>歩いている</u> 女性は女優だ。

(2)では，女性の上を歩いているかのような印象になってしまいます。

なぜこのようなことが起こるのでしょうか。……「歩く」という動詞では，優先格は歩く場所を示す「を格」だからです。「女性」も「を格」で解釈しようとします。

(1a) 道<u>を</u>歩く

(2a) 女性<u>を</u>歩く（？）　　「女性」は歩く場所？

(2)の場合は，「女性」は「を格」ではなく，<u>非優先格の「と格」</u>に立っているのです。

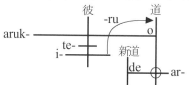 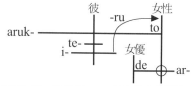

図W2-42 彼が歩いている道は新道だ　　図W2-43　彼が歩いている女性は女優だ

(2b) 彼が女性<u>と</u>歩いている　（上右図）

実体を属性で修飾すれば，属性に対するその実体の格情報は消えます。「女性」を修飾しているので，「歩く」に対する「女性」の格情報は消えます。

(2c) 彼が<u>歩いている</u> 女性　　（「女性」が to 格にあるという情報は消えます。）

実体（名詞）が動詞で修飾されているため格情報がない場合は，実体が優先格にあるものとして解釈されます。格の優先性はこのことからも検証できます。……**実体が非優先格にある場合はそのことを知らせる「補助的な情報」が必要になります。**この例文では「一緒に」という情報が「補助的な情報」です。

(2d) 彼が<u>一緒に</u>歩いている女性は女優だ。

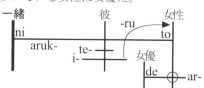

図W2-44 彼が<u>一緒に</u>歩いている女性は女優だ

このように，どの格が優先性を持つのかは，実体を動詞で修飾する場合にも確認できます。(非優先格に立つ実体を修飾する場合は，**補助的な情報**が必要です。)

問W2-7「つかまえた警官／男／学生」各実詞の「つかまえる」に対する優先格は？

W2.4　目的語ではないが，格(意味関係)の自明なもの

Ø格 → を格　　事象の成立する**場所**を表現する格　　を格の同名格

　「水飲む」のように「水」が他動詞「飲む」の目的語であれば，「水」は優先格にあり，わざわざ格表示をしなくとも，「水」と「飲む」の論理関係は伝えられます。ただし，格関係を表現したい場合や，書き言葉の場合は，「を」を使って格を表します。
　ところで，次の例のような場合はどうでしょうか。

　　　　　道＿歩く　　　　空＿飛ぶ　　　　海＿泳ぐ

　実体(名詞)は動詞の目的格になく，優先格にはないのに，格表示はなくとも格ははっきり分かります。これは，「実体(名詞)が動詞の示す事象の実現する場所である」として捉えられていて，他の可能性がなく，格関係が自明であるからです。
　このような場合に，格関係を明示しようとするとき，特に書き言葉では，「を」を使って表します。

　　　　　道を歩く　　　　空を飛ぶ　　　　海を泳ぐ

　他動詞の目的語の表示方法と同じ「を格」になりますが，これは同名格であり，同じ格(目的格)であるわけではありません。(p.24, p.25, p.27 の⑦を参照)

図W2-45 道を歩く　　図W2-46 空を飛ぶ　　図W2-47 海を泳ぐ

Ø格 → Ø2格　　事象の成立する**時**を現在を基準点として表現する格

　上に述べたのは，「事象の実現する**場所**」が，歴史的に「Ø格」表示から「を格」表示へと変化した場合です。次に見るのは，「事象の実現する**時**が，現在を基準として表現される場合」です。この場合は，「Ø格」表示のままです。

　　　　　明日＿踊る　　　　今＿話す　　　　昨日＿見た

　上述の「場所」に関わるものと異なり，この「時」に関わるほうは，まだ音形式で認識できる格詞で表現されていません。本文法では「Ø2格詞」として表現します。

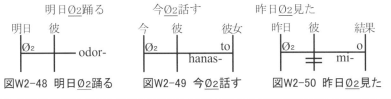

図W2-48 明日Ø2踊る　　図W2-49 今Ø2話す　　図W2-50 昨日Ø2見た

問W2-8「夜道を歩く」の「夜道」は「歩く」の目的語ですか。

W2.5 同名格　　　　　　　　　　　　　　　　　　　　　　　『文法』2.3

同名格　　　「同名格」……異なる「格」なのに同じ「格詞」で表される格

以下の「に格」は異なるものです。（「名詞と動詞の論理関係」が異なっています。）

(1) 京都に行く　　「に格」は，実体が移動の目的地を示す。（英語なら to 格）
(2) 京都に着く　　「に格」は，実体が到着点を示す。（英語なら at 格）
(3) 京都に住む　　「に格」は，実体が住む場所を示す。（英語なら in 格）

格は異なるのに同じ格詞「に」で示されるので，これらを「同名格」とよびます。同名格は格詞が同じなので，構造図にすると下の3図のように，同じようになってしまいます。ここには「に」で表現される３つの同名格があることになります。

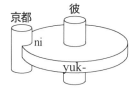 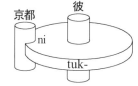 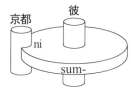

図W2-51 京都に行く　　図W2-52 京都に着く　　図W2-53 京都に住む

では，構造図上で格の違いを表すにはどうすればよいのでしょうか。ひとつ考えられるのは，「に１」「に２」「に３」のように，番号を付けて違いを表すことです。

(1a) 京都に１行く　　……「に格１」は，実体が移動の目的地を示す。
(2a) 京都に２着く　　……「に格２」は，実体が到着点を示す。
(3a) 京都に３住む　　……「に格３」は，実体が住む場所を示す。

このようにした場合，構造図はこうなります。

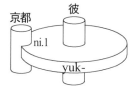 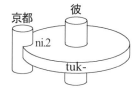 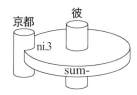

図W2-54 京都に１行く　　図W2-55 京都に２着く　　図W2-56 京都に３住む

「に格」の同名格はいくつある？

上では，「に」の同名格を3つ挙げました。しかし，「時」「方向」「目的」「原因」等々を加えれば，同名格は 100 以上はあることになるでしょう。いったい「に格」にはいつくの同名格があるのでしょうか。数えられるのでしょうか

問W2-9　なぜ「同名格」が生じるのですか。

同名格を構造図に示す

　ある国語辞典の「に」を見てみます。「格詞」ですが，国語文法では「格助詞」です。

　　①時点・期間を表す。　……3時に電話する。桜は春に咲く。

　　②事物の存在する場所を表す。　……庭に椅子がある。
　　　　　⋮

　この国語辞典には，①から始まって⑳まで異なる意味が並んでいます。これは，別の国語辞典では⑮までとなっています。

　これらの意味は，本文法でいう「格(名詞と動詞の論理関係)」です。上の例の①②は異なる格ですが，同じ「に」で表現されるので，「同名格」です。

　つまり，ある辞書は「に」の同名格を20に分類し，別の辞書は15に分類しているわけです。(さらに別の辞書では古語を含めて26に分類しています。)

　　　に格1　に格2　に格3　……　に格15（……に格20）（……に格26）

図W2-57 「に格」の同名格

　同名格を構造図で示すときは右図のようにすればよいのではないでしょうか。

　20というのはある国語辞典で分類されている分類肢の数です。構造伝達文法では，さらに細かく分類する必要があると考えています。

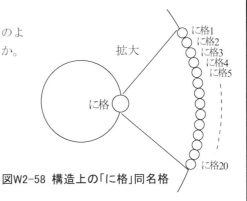

図W2-58 構造上の「に格」同名格

格を分類する

　上述のように，「に格」の同名格の分類肢の数は辞書によって異なっています。基準が異なるわけですが，私たちはどのような基準を持てばよいのでしょうか。

　本文法ではさらに細かく分類する必要があると考えています。たとえば，上の①では「時点」と「期間」を1つの同じ分類肢の中に入れていますが，本文法では分けるべきものと考えます。……いったい，格はどのようにすれば，そのあり方の全体が把握できるのでしょうか。把握するための基準はどのようなものになるのでしょうか。その基準を知りたいと思います。

問W2-10 「で格」の同名格はいくつぐらいありますか。

W2.6 すべての格を把握する　　　格を体系的に把握したい　　　Cコラム4

格を捉える基準　　　捉え方が見つかれば，それは普遍性を持つはず

　そもそも「格」そのものはいくつあるのでしょうか。それを知るためには「実体と属性の論理関係」を数えあげればよいはずです。（正確ではありませんが，「名詞と動詞の論理関係」と言いかえてもいいでしょう。）……　宇宙，世界には，「名詞の表す事物の<u>存在のしかた</u>」はいくつあるのでしょうか。

　すべての「格」のあり方を，科学的に知ることはできるのでしょうか。格の全体を体系的に捉える方法はいったいあるのでしょうか。見つかるのでしょうか。

　「格」の捉え方が見つかれば，それは普遍性を持つはずです。それぞれの格に番号を割り当てれば，格を番号で表現できるはずです。

　たとえば「3429の格は，実体が移動の出発点を表す格で，日本語では『から』で表現され，モンゴル語では『-aac』，韓国語では『-에서』，中国語では『从』，英語では『 from 』，スペイン語では『 de 』，ロシア語では『 из 』で表現される」と言えることになるでしょう。

表W2-3　格分類表の例

格の番号		格の意味	日本語	モンゴル語	韓国語	中国語	英語	スペイン語	露語
3400	……								
	3428								
	3429	移動の出発点	から	-aac	-에서	从	from	de	из
	3430								
	……								

国語学に認識のない格

　格を捉えようとしても，格の定義そのものが違っていれば，格を捉えることは無理です。国語学は格の定義を西洋の文法にならって「文中のある語句（特に名詞・代名詞）が他の語句に対してもつ文法上の関係。」としていましたので，格の捉え方が違っていました。…それで，国語学では「の」を格として捉えてしまい，かつ，「Ø1格」「Ø2格」を格として認識していませんでした。（「の」はW4章，W5章）

[Ø1格]　　本来的な主格です。これについては本書 pp.28-29 に述べていますので，参照してください。この「Ø1格」の存在については本文法だけが指摘しています。国語学には認識がありません。

[Ø2格]　　「あすやる。」という文の中の「あす」は「やる」と格関係を持っていて，本文法ではこの格を「Ø2格」として捉えますが，国語学には「あす」が格を持つとの認識がなく，名詞「あす」が<u>副詞的に使用された</u>ものと見ています。

W3章　格表示の歴史

格がどのように表示されてきたのかを概観します。

W3.1 「を」とは何か 格について述べるまえに，まず「を」が何であるかを
明らかにしておきます。 A2章

「を」の問題点

　「を」は他動詞の目的語を表す …… 現代の日本人にはこのような思い込みが
あります。確かに，次の場合にはこれがあてはまります。
　　　本を読む　　（「本」が他動詞「読む」の目的語であることを「を」が示す。）
つまり，「読む yom-u 」が他動詞で，「本」がその他動詞の目的語で，そのことを
「を」が示しています。
　しかし，次の場合は当てはまりません。3例とも動詞は自動詞です。
　　　公園を歩く　　（「公園」が自動詞「歩く」の行為実現の場所であることを「を」が示す。）
　　　何をあわてて　（「何」が自動詞「あわてる」の原因であることを「を」が示す。）
　　　世をすねる　　（「世」が自動詞「すねる」の理由であることを「を」が示す。）
　このような例に接して日本人は，「〈公園を歩く〉の〈公園〉は〈歩く〉の目的語で
ある」つまり，「日本語の自動詞には目的語をとるものがある」と考えたりしてしま
います。
　これは，こう捉えなければならないものではないでしょうか。
　　　「を格」は他動詞の「目的格」とは限らない。
　　　「を」は他動詞の目的語を表すだけではない。
　では，そもそも「を」とは何なのかということになります。それで，「を」を明ら
かにするために，歴史的に推移をたどってみる必要があります。

「を」は間投描写詞だった

本文法では「間投描写詞」ですが，国語学では
「間投助詞」といいます。

「を」ははじめ，国語学でいう「間投助詞」というものでした。
　　　間投助詞……文中または文末の文節に付いて，語調を整え，感動・余情・
　　　　　　　　　強調などの意を添える。「や」「を」等（現代語では「な」「ね」等）。
例を示せば，次のようなものです。
　　　漁する人とを見ませ……　（漁する人とね見てください……）
現代語の例で示せば次のようになります。
　　　あたしがね，見たらさ，何かの卵のようだったのね。
間投助詞は文の意味とは関係がありません。語調を整えたりするだけのもので
すから，なくてもよいものです。○で表せばこうなります。意味は変化しません。
　　　漁する人と○見ませ……
　　　あたしが○，見たら○，何かの卵のようだったの○。

間投描写詞としての「を」のあり方

　間投描写詞（間投助詞）としての「を」の使い方の例を，下に万葉集の歌で示します。（歌の後の数字は，歌番号です。）

　下線をほどこした部分の「を」の位置について，次ページで表にまとめ，さらに構造図でも示しました。

① 命**を**し 全くしあらば あり衣の ありて後にも 逢はざらめやも （3741）
（命さえ無事であったら，こうしてとうとう逢わずじまいということがあろうか。）

② 乙女ら**を** 袖振る山の 瑞垣の 久しき時ゆ 思ひけり我は （2415）
（乙女たちが袖を振る，その布留山の神垣のように，久しい間思ってきたよ。私は。）

③ 采女の 袖吹き返す 明日香風 都 **を遠み** いたづらに吹く （51）
（采女らの袖を吹き返していた明日香風は，都が遠いのでむなしく吹いている。）

④ 紫草の にほへる妹**を** 憎くあらば 人妻故に 我恋ひめやも （21）
（紫草のように匂うあなたを憎いと思ったら，人妻と知りながら恋しく思うでしょうか。）

⑤ 忘れ草 我が紐に付く 香具山の 古りにし里**を** 忘れむがため （334）
（忘れ草を私の紐につけておく。香具山の古い京を忘れるために。）

⑥ たづがなき 葦辺**をさして** 飛び渡る あなたづたづし ひとりさ寝れば （3626）
（おぼつかない葦辺をさして鶴が飛び渡るように，ああ心細いものだ，独りで寝るのは。）

⑦ 川風の 寒き長谷**を** 嘆きつつ 君があるくに 似る人も 逢へや （425）
（川風の寒い長谷を嘆き嘆き通っている王〈おおきみ〉に似ている人さえも出くわさない。）

⑧ 君が行き 日長くなりぬ やまたづの 迎へ**を行かむ** 待つには待たじ （90）
（あなたの旅は久しくなった。お迎えに行こう。とても待ってはいられない。）

⑨ 漁する 人**と見ませ** 草枕 旅行く人に わが名は告らじ （1727）
（漁をするただの海人だと見てください。旅のお方にわたしたちの名は明かせません。）

⑩ 現には 逢よしもなし ぬばたまの 夜の夢に**を** 継ぎて見えこそ （807）
（現実には逢うすべもありません。夜の夢の中に続けて見えてほしいのです。）

⑪ 渡り守 舟渡せ**を**と 呼ぶ声の 至らねばかも 梶の音のせぬ （2072）
（〈渡し守，舟を渡せ〉と呼ぶ声が届かないからか，梶の音も聞こえない。）

⑫ 生ける者 遂にも死ぬる ものにあれば この世にある間は 楽しく**を**あらな （349）
（生者はいずれは死ぬものだから，この世にある間は酒を飲んで楽しくやろう。）

問W3-1 目的格を表す格詞はもともと何でしたか。
問W3-2 「を」は元来目的格を表す格詞でしたか。
問W3-3 現代語で「を」は目的格を表すと言ってよいでしょうか。

間投描写詞「を」の位置　　　　下表中 ＿ は格を表します。

「を」は格のあるところ（①〜⑩）にも，格のないところ（⑪⑫）にも入りました。
格のあるところでは格表示のないところ（①〜⑧）と，あるところ（⑨⑩）があります。

表W3-1　間投描写詞「を」の位置

「を」の位置			例　文　　（現代語訳）	現代格
名詞の格表示の有無	名詞の格表示なし　∅	従属節内の主格名詞の後に「を」	① 命∅をしまたくしあらば　（命〈が〉さえ無事ならば）	が1
			② 乙女ら∅を袖振る山　（乙女らが袖を振る山）	が1
			③ 都∅を遠み　（都が遠いので）	が1
			④ 妹∅を憎くあらば　（妹が憎いならば）	が1
		他動詞の目的格名詞の後に「を」	⑤ 里∅を忘れむ　（里を忘れよう）	を
			⑥ 葦辺∅をさして　（葦辺をさして）	を
		一般格名詞の後に「を」　場所	⑦ 長谷∅を君が歩く　（長谷を君が歩く）	を
		一般格名詞の後に「を」　目的	⑧ 迎へ∅を往かむ　（迎えに行きます）	に
	格表示あり	一般格名詞の後に「を」　と格	⑨ 漁する人とを見ませ　（漁する人と見てください）	と
		一般格名詞の後に「を」　に格	⑩ 夢にを継ぎて　（夢についで／夢から夢へと）	に
格のないところ	動詞の命令形のあと		⑪ 渡り守舟渡せを　（渡し守，舟を渡せよ）	
	形容詞と動詞の間		⑫ 楽しくをあらな　（楽しくねいたい）	

現代語

①〜④の格は現代語では主格の「が」で表示できるものです。
⑤⑥の「を」が，他動詞の目的格を示す「を」になりました。
⑦の「を」が，他動詞の目的格を示すのでない「を」になりました。
⑧は「に格」で表示されるようになり，⑨以下を始め全般的に間投描写詞（間投助詞）としての「を」は，「ね」や「な」「よ」などに変わりました。

左ページ表中の①〜⑫は p.23 に示した歌の下線部です。この構造図を下に示します。②③⑤⑦⑨⑩は，各歌の全体構造が，次ページ以下に示してあります。

表W3-2　間投描写詞「を」の構造上の位置

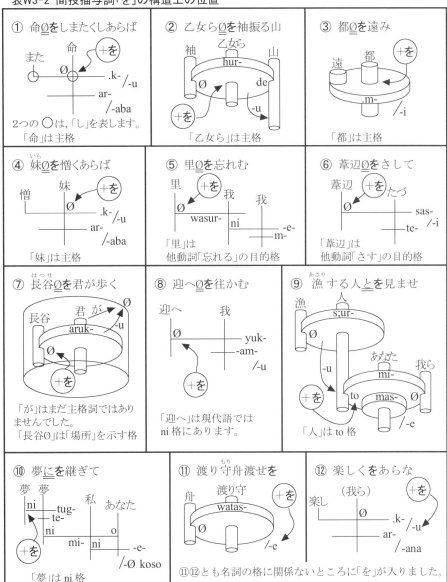

① 命⓪をしまたくしあらば
「命」は主格
2つの○は，「し」を表します。

② 乙女ら⓪を袖振る山
「乙女ら」は主格

③ 都⓪を遠み
「都」は主格

④ 妹⓪を憎くあらば
「妹」は主格

⑤ 里⓪を忘れむ
「里」は他動詞「忘れる」の目的格

⑥ 葦辺⓪をさして
「葦辺」は他動詞「さす」の目的格

⑦ 長谷⓪を君が歩く
「が」はまだ主格詞ではありませんでした。
「長谷⓪」は「場所」を示す格

⑧ 迎へ⓪を往かむ
「迎へ」は現代語では ni 格にあります。

⑨ 漁する人とを見ませ
「人」は to 格

⑩ 夢にを継ぎて
「夢」は ni 格

⑪ 渡り守舟渡せを

⑫ 楽しくをあらな
⑪⑫とも名詞の格に関係ないところに「を」が入りました。

表W3-3 間投描写詞「を」の構造上の位置（和歌）

参考までに，6つの歌の全体構造を示します。（細かい説明はしません。）理解を助けるために，図では多くの $\emptyset$ を現代語のように o や ni で表示しています。

② 乙女らを 袖振る山の 瑞垣の 久しき時ゆ 思ひけり我は　　（2415）

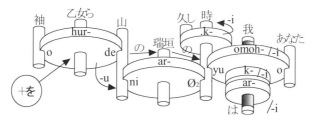

③ 采女の 袖吹き返す 明日香風 都を遠み いたづらに吹く　　（51）

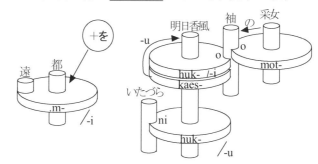

⑤ 忘れ草 我が紐に付く 香具山の 古りにし里を 忘れむがため　　（334）

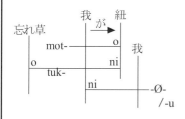

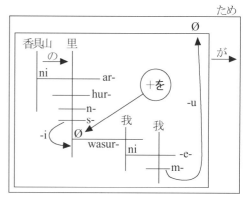

上の-Ø-は許容態なので，現代語なら-e-です。

tuk;Ø-（付く）→ tuk;e-（付ける）

Vのp.54 参照

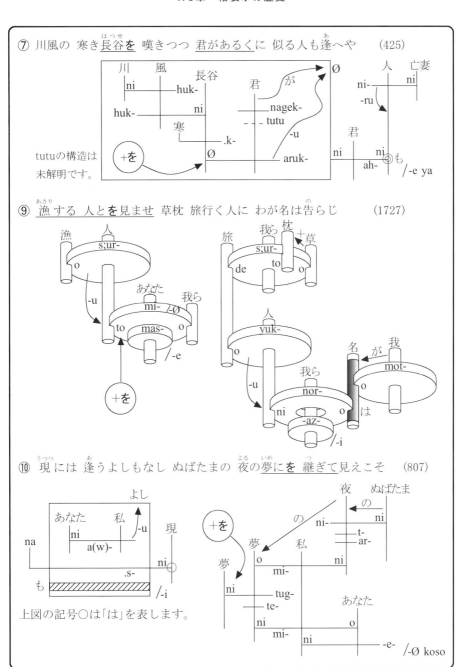

⑦ 川風の　寒き長谷を　嘆きつつ　君があるくに　似る人も　逢へへや　　（425）

tutuの構造は未解明です。

⑨ 漁する　人とを見ませ　草枕　旅行く人に　わが名は告らじ　　（1727）

⑩ 現には　逢うよしもなし　ぬばたまの　夜の夢にを　継ぎて見えこそ　　（807）

上図の記号○は「は」を表します。

問W3-4　上の図で○の中に入った「＋を」では，何を言おうとしていますか。

- 27 -

W3.2 格表示の歴史[1] 主格

『文法』6.5, 11.6, S1.3

		8c	9c	10c	11c	12c	13c	14c	15c	16c	17c	18c	19c	20c	21c
図W3-1 主格		奈良		平安			鎌倉		室町			江戸		現代	

図W3-1 主格

主格
- $\emptyset_1$格 →
- $が_1$, $が_2$ ③ →
- $が_1$ 従属節内 …$\emptyset$を… ━━ が ━━ ①↑ ②a↑ ②b →

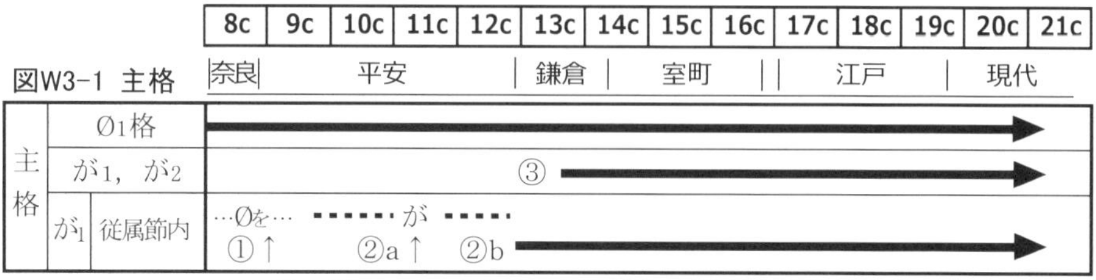

①～③については下の①～③の記述を参照

現代語　現代語の主格には，右ページの図のように，3種類あります。

第1主格 （主格詞は $\emptyset_1$）　多くの場合，描写詞の「は」を伴います。
　　　田中さん $\emptyset_1$　学生です。　（田中さん $\emptyset_1$ は　学生です。）

第2主格 （主格詞は「が」…$ガ_1$）
　　　あそこに　田中さんが　いますよ。（主文の主語）
　　　天気が　よいので，少し歩いた。　（従属節の主語）

第3主格 （主格詞は「が」…$ガ_2$）
　　　田中さんが　話しました。　　（「誰が話した？」への回答）

古語　古語ではこうなっていました。

第1主格 （主格詞は $\emptyset_1$）
　　　花 $\emptyset_1$　咲く

第2主格 （主格詞ははじめ「$\emptyset$を」と表示。のちに「が」と表示。）
　① 従属節の主語を示すのに「$\emptyset$を」の形をとりました。(pp.23-25 の例)
　　　乙女らの$\emptyset$を　袖振る山　／　妹$\emptyset$を　憎くあらば
　②「が」はもともと「の」と同じく「**実体つなぎ描写詞**」でした。(本書p.52 参照)
　　　海人の舟　／　妹が家
　　　動詞による修飾が加わると，その「が」は，②aでは「実体つなぎ描写詞」
　　のままでしたが，②bで従属節内の主格を表すようになりました（$ガ_1$）。
　　　②a 海人のこぐ舟　／　②a 妹が住む家　②b 妹が住む 家
　③「が」はその後，鎌倉・室町時代に主文の主格も表すようになりました。
　　　　　　　　　　　妹が住む。

第3主格 （主格詞は「が」…$ガ_2$）
　　　日本語話者が第3主格を認識したのはいつごろであるか，「$ガ_2$」として
　使い始めたのはいつごろであるかについて，詳しい調査が必要です。

　　主格には，第1主格から第3主格まで3種類あります。これは主体と属性の設定
順に違いがあるからです。S1.3 で示した図を，ここにもう一度掲載します。

[第1主格]（$\emptyset_1$主格…ゼロ主格）……主体の設定が属性の設定に先立つ格

　その主体そのものに関心があり，多様な属性から１つを選び出します。
　格詞は古代から現代までありませんので，$\emptyset_1$（ゼロイチ）で表します。

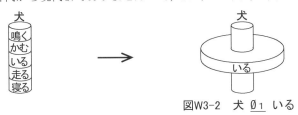

図W3-2　犬 $\underline{\emptyset_1}$ いる

[第2主格]（が$_1$主格）……主体の設定が属性の設定と同時である格

　主体と属性の結びつきそのものに関心があり，**状況について述べます**。
　主体と属性がはじめから結びついているこの格は格詞「が」で表します。

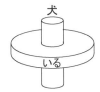

図W3-3　ほら，犬が$_1$いる ／ 犬が$_1$いる[のが$_1$見える]

[第3主格]（が$_2$主格）……主体の設定が属性の設定より後になる格

　まず属性の方が先に決定して，**主体は後から選択されて決まります**。
　属性を構成する多様な主体から１つを選び出す主格で，格詞は「が」です。

図W3-4 （「何がいるか」という問いに対する回答）犬 が$_2$ いる

問W3-5 歴史的に，「を」が主格を表しているようにみえたことがありますか。
問W3-6 主格を表す「が」はもともとあった格詞ですか。

W3.3 格表示の歴史[2] を格　　　　　　　　　　　　　　　『文法』11.6

			8c	9c	10c	11c	12c	13c	14c	15c	16c	17c	18c	19c	20c	21c
図W3-5 を格			奈良		平安			鎌倉		室町			江戸			現代
を格	目的格	Ø目														
		を目														
	一般格	Ø一														
		を一														

「を格」は「目的格」である，と一般にいわれます。

　　　目的格……他動詞・原因態の表す動作等の影響が及ぶ人や事物を表す格

　　　目的語……他動詞・原因態の表す動作等の影響が及ぶ人や事物を表す語

　確かに，動詞が「読む」のような他動詞であれば，「を」は「目的格」を示します。

　　　　彼Ø1は　メールを　読む　　（下左図）

「メール」を省略して，「彼Ø1は読む」といえば，「何を」と聞きたくなります。

　しかし，動詞が「歩く」のような自動詞のときはどうでしょうか。

　　　　彼Ø1は　公園を　歩く　　（下右図）

「公園」を省略しても，「どこを」と聞きたくなるのは特別な場合です。

　「を」には，**目的語を示す「を」**と，**目的語を示すのではない「を」**があります。

　　図W3-6 メールを<u>読</u>む　　　　　　　　図W3-7 公園を<u>歩</u>く

「を」はもと「間投描写詞」で,それが「目的格」と「一般格」を表すようになりました。

　　表W3-4 「を格」の示す格

を格	目的格	他動詞の目的語を表す。
	一般格	主に自動詞の事象生起場所を表す。

　<u>漢文訓読</u>では，もと，格表示のいらなかった目的語に，ほとんど必ず「を」を付けるようになりました。その影響で<u>和文</u>でも「を」が格詞として定着しました。

　　　　＊　　　＊　　　＊　　　＊　　　＊　　　＊　　　＊

　自動詞「なる」は「に格」が必要です。「子どもが大人に<u>なる</u>。」これは目的格ではありませんが，必要格です。

目的格を表す「を格」

『文法』p.56 動詞C

　動詞が他動詞であれば，目的語は必ずあるので，格を示さなくとも理解されます。これは話し言葉でその傾向が強いです。書き言葉では格が明示されます。

　　　あ，空∅見て。　　（話し言葉）

　　　私は空を見た。　　（話し言葉，書き言葉）

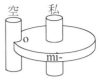

図W3-8　空（を）見る

　また，漢語を含み，外来語は名詞として日本語になりますが，これに「する」を付けて動詞にするときも「を」を付けます。(この「する」は他動詞です。)

　　　勉強をする　　　ドライブをする

　ただ，この「を」は省略されることも多いです。

　　　勉強∅ₒする　　　ドライブ∅ₒする

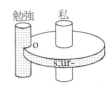

図W3-9　勉強（を）する

　また，「英語を勉強する」(下左図)や，「英語の勉強をする」(下中央図)は可能ですが，「*英語を勉強をする」(下左図)とは言いません。(答S2-9 の前提bを参照)

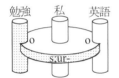

図W3-10　英語を勉強する

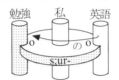

図W3-11　英語の勉強をする

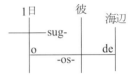

図W3-12　1日を過ごす

　ちなみにいえば，「1日を過ごす」の構造は上右図のようになります。sug;os- ですから，「1日」は原因態 -os- の目的格にあるということになります。

一般格の「を格」

> 「…する」の形の動詞は，名詞と「する」の併合した「動詞C」です。(『文法』p.56)

　　　コースを走る

この例(下左図)では，「走る」は自動詞であり，目的語はないので，「コース」は目的語ではありません。この「を格」は，事象の起こる場所を示す一般格です。

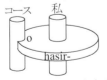

図W3-13　コースを走る

図W3-14　公園を散歩する

　「公園を散歩する」の構造は上右図のようになっています。「散歩」は上述のように，「する」の目的語です。しかし，「公園」は，「を格」にありますが，「散歩する」の目的語ではなく，一般格で，事象の起こる場所を示しています。

『文法』11.6

W3.4 格表示の歴史[3] に格

	8c	9c	10c	11c	12c	13c	14c	15c	16c	17c	18c	19c	20c	21c
図W3-15 に格	奈良		平安			鎌倉		室町			江戸		現代	
に格	→													

「に格」は，1点を指定するのが基本的な機能なので，事象の生起する時間・空間・心理的な1点を示します。非優先格の中では，非常に重要な格で，省略されることはまれでした。「に格」の代表的な使用例を挙げておきます。

時を表す「に格」

　　7時に家を出る　　（時点）

場を表す「に格」

　　父は家にいる　　（存在の場所）

図W3-16　7時に家を出る　　　図W3-17　家にいる

　　長崎に生まれる　（発生の場所）
　　知っている店にいいのがある（範囲）

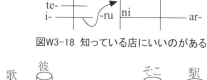

図W3-18　知っている店にいいのがある

方向を表す「に格」

　　北に進む　　　　（向かう方向）
　　彼に話す　　　　（行為の相手）
　　歌に聴き入る　　（精神集中の対象）
　　バスに乗る　　　（帰着点）
　　駅に近い　　　　（向かう場所）
- -
　　彼にもらう　　　（物の離脱点）
　　彼に聞いた　　　（情報の離脱点）

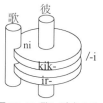

図W3-19　歌に聴き入る

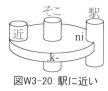

図W3-20　駅に近い

目的を表す「に格」

　　食事に帰る　　　（目的）

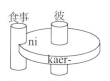

図W3-21　食事に帰る

原因・理由・よりどころを表す「に格」

　　雨にぬれる　　　（原因）
　　試しにこれをやる　（理由）
　　定めに従う　　　（よりどころ）

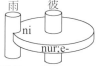

図W3-22　雨に nur;e-ru

結果を表す「に格」

　　失敗に終わる　　（努力の結果）
　　お湯が水になる　（変化の結果）
　　ピカピカに磨く　（行為の結果状態）

図W3-23　お湯が水になる

基準を表す「に格」

　　AはBに等しい　　（比較の基準）
　　1人に2つ　　　　（割り当ての基準）
　　- -
　　待ちに待つ　　　（高程度の基準）

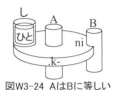
図W3-24　AはBに等しい

判断を表す「に格」

　　彼を犯人に思う　（私見）
　　彼を敵に見る　　（見立て）

図W3-25　彼を犯人に思う

動作主を表す「に格」

　　それは彼にできる(出来る)　（行為成立の動作主）
　　会長にはお話しになる　　（敬意対象者が動作主）
　　先生に見ていただく　　（恩恵授与の動作主）
　　彼に納豆が食べられる　（受影態・基表現での動作主）
　　彼に歌わせる　　（原因態・基表現での動作主）
　　彼に英語が話せる　（許容態での動作主）

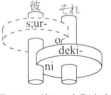
図W3-26　彼にできる(出来)

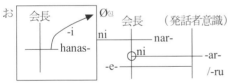
図W3-27　会長には o-hanas-i=Ø包-ni nar-(ar-e-r)u

図W3-28　先生に見ていただく

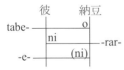
図W3-29　彼に食べられる

図W3-30　彼に歌わせる

図W3-31　彼に英語が話せる

問W3-7 「薬を飲む人」「空を泳ぐ鯉のぼり」の2つの「を」の違いは何ですか。
問W3-8 「彼に薬を飲ませる」「彼に薬を飲まされる」の「に」の違いは何ですか。

W3.5 格表示の歴史[4] へ格　　　　　　　　『文法』11.6

図W3-32 へ格

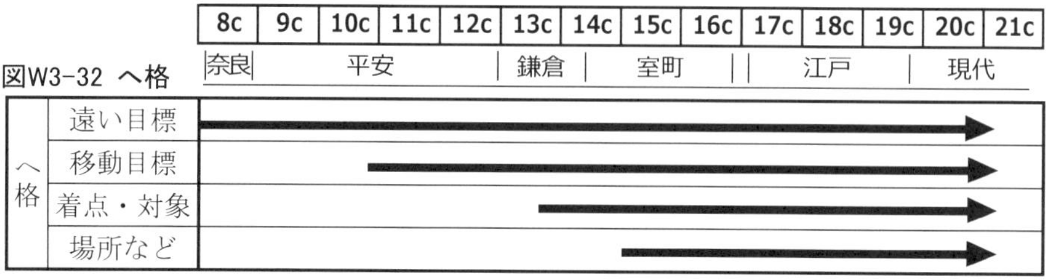

		8c	9c	10c	11c	12c	13c	14c	15c	16c	17c	18c	19c	20c	21c
		奈良		平安			鎌倉		室町			江戸		現代
へ格	遠い目標														
	移動目標														
	着点・対象														
	場所など														

「へ」は元来は名詞

　「へ」は元来は「あたり」を意味する「辺」という名詞でした。それがのちに格を表すようになりました。「に格」に代わる「へ格」が生まれました。

　　大和へに行く　→　大和へ行く

図W3-33 大和へに行く

図W3-34 大和へ行く

図W3-35 大和へ行く

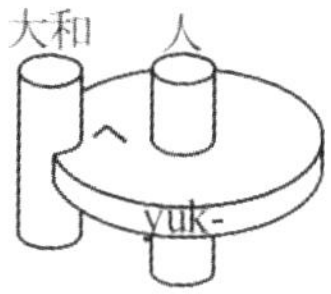

遠い目標を表す「へ格」

　平安時代中期以前は，移動性動作が話者のいる地点から遠く離れた目標・方角へ向かう意を示していました。「ここへ来る」という用法はありませんでした。

　　（遠い）都へ行く

図W3-36 （遠い）都へ行く

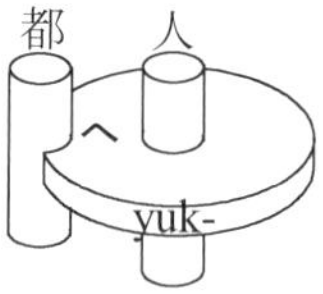

移動目標を表す「へ格」

　平安時代中期以後，「へ格」に，すべての移動性動作の目標を示す用法が生まれました。「ここへ来る」が可能になりました。

　　こなたへ来る

図W3-37 こなたへ来る

着点・対象を表す「へ格」

　鎌倉時代には到着点・対象を示す用法が生まれ,「着く」「帰る」等の動詞で「へ」を使用することが可能となりました。

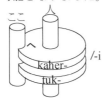

図W3-38　ここへ帰り着く　　　　図W3-39　六波羅へ着く

　また,「人へ申す／尋ねる」等動作の方向や対象を示す用法も生じました。

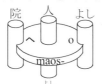

図W3-40　由を院へ申す　　　　図W3-41　理由を課長へ尋ねる

場所などを表す「へ格」

　室町時代には,特に話し言葉で,場所などを示す用法が生まれました。

図W3-42　印度へ生まるる　　　　図W3-43　竹の皮へ包む

京へ筑紫に板東さ

　室町時代には,行き先を表す格詞が,地方によって異なっていました。
　　京(京都地方)では,格詞「へ」を使いました。…… 村へ行く
　　筑紫(九州地方)では,格詞「に」を使いました。…… 村に行く
　　板東(関東地方)では,格詞「さ」を使いました。…… 村さ行く
　当時のことわざ「京へ筑紫に板東さ」で,このことを知ることができます。

問W3- 9　格詞としての「へ」のおおもとの意味は何でしたか。
問W3-10　格詞としての「へ」が生まれたときの,「へ」と「に」の違いは何でしたか。
問W3-11 「それはここへあります」と言わないのはなぜだと思いますか。

W3.6 格表示の歴史[5] で格

『文法』11.5, 11.6

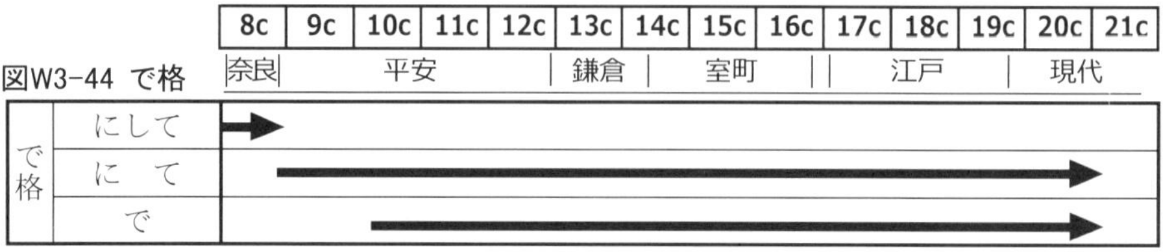

図W3-44 で格

		8c	9c	10c	11c	12c	13c	14c	15c	16c	17c	18c	19c	20c	21c
		奈良		平安			鎌倉		室町			江戸			現代
で格	にして														
	に　て														
	で														

　「で格」の「で」は右図のようにして「に格」から生まれたものです。これを下に構造で見てみます。

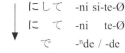

にして　-ni si-te-Ø
に　て　-ni　te-Ø
　で　-ⁿde / -de

図W3-45 格詞「に」から「で」が誕生

[にして]　　-ni s-i=te-Ø

　まず，「河にして -ni s-i=te-Ø 」の形がありました（下左図）。「に」は格詞です。動詞 s-i は 変格活用動詞「する s;ur-」の連用形で，意味は「ある」でした。それで，「河にして」の意味は「河にありて」という意味でした（下左図）。

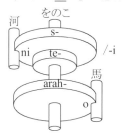

図W3-46 河に(し)て馬あらふ

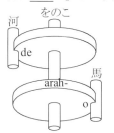

図W3-47 河で馬あらふ

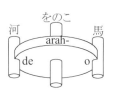

図W3-48 河で馬あらふ

[にて]　　-ni te-Ø

　次に，構造はそのままに，動詞が省略されて「河に＿＿て -ni ＿＿=te-Ø 」となりました（上左図，同一図）。

[で]　　-ⁿde / -de

　さらに，「にて」が音韻の変化で，「で -ⁿde / -de 」となりました（上中央図）。「で」という格詞が誕生したことになります。「河」は動詞 s- とは関係がなくなり，行為の動詞（arah-）と意味上の関係を結ぶようになりました（上右図）。

問W3-12 「いい匂いがする」「今にして思えば」の動詞の意味は何ですか。
問W3-13 なぜ「駅でいる」という表現はおかしいのですか。

手段等の「で格」

前ページで見た「で」は場所等を表す格詞ですが，「で」には手段等を表すものもあります。その場合には，もとの動詞を「因る yor-」にすると考えやすくなります。

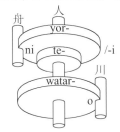 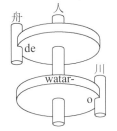 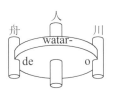

図W3-49 舟に(より/し)て川渡る　　図W3-50 舟で川を渡る　　図W3-51 舟で川を渡る

「で」の誕生, その意味すること

「にして」が「にて」，「で」になったことを図式化すればこうなります。

[場所・時・状態]	にして（にありて，において）
[手段・原因]	にして（にありて，によりて）

「にて」→「で」

図W3-52 「にて」「で」の誕生

「にて」や「で」は，「にありて」「によりて」に還元することもできます。

[場所・時]	(古語) 河にて馬あらふをのこ	(にありて)
	砂場で遊ぶ	(にありて)
	65歳で退職する	(にありて)
[資格・状態]	(古語) 筑前守の妻にて下りにければ	(にありて)
	10代で優勝したのははじめて	(にありて)
[手段・方法]	(古語) 深き川を舟にて渡る	(にありて・によりて)
	鉛筆で書く	(にありて・によりて)
[原因・理由]	(古語) 竹の中におはするにて知りぬ	(にありて・によりて)
	風邪で休む	(にありて・によりて)

　格詞「で」は「にして(にありて)」から生まれた新しい詞です。ということは，現代語の「に対して」や「をめぐって」なども格詞と同様の機能を持つはずです。確かに，「Aに対してVする」「AをめぐってVする」の下線部は，実詞「A」と述語「Vする」の論理関係，つまり格を表しています。(W 3.13参照)

問W3-14 「に(し)て」から格詞「で」が生まれました。「に」以外にも生まれましたか。

W3.7 格表示の歴史[6] と格　　　　　　　　『文法』11.5 ⑤, 11.6

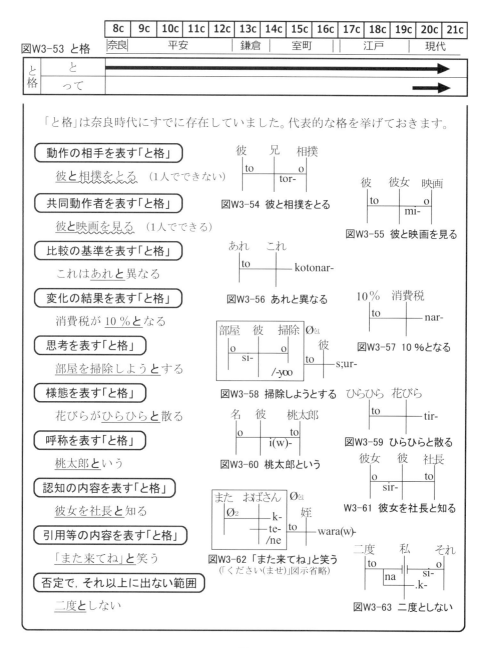

図W3-53 と格

	8c	9c	10c	11c	12c	13c	14c	15c	16c	17c	18c	19c	20c	21c
	奈良		平安			鎌倉		室町			江戸		現代	

と格：と、って

「と格」は奈良時代にすでに存在していました。代表的な格を挙げておきます。

動作の相手を表す「と格」
彼と相撲をとる　（1人でできない）

図W3-54 彼と相撲をとる

共同動作者を表す「と格」
彼と映画を見る　（1人でできる）

図W3-55 彼と映画を見る

比較の基準を表す「と格」
これはあれと異なる

図W3-56 あれと異なる

変化の結果を表す「と格」
消費税が 10 ％となる

図W3-57 10 ％となる

思考を表す「と格」
部屋を掃除しようとする

図W3-58 掃除しようとする

様態を表す「と格」
花びらがひらひらと散る

図W3-59 ひらひらと散る

呼称を表す「と格」
桃太郎という

図W3-60 桃太郎という

認知の内容を表す「と格」
彼女を社長と知る

W3-61 彼女を社長と知る

引用等の内容を表す「と格」
「また来てね」と笑う

図W3-62 「また来てね」と笑う
（「ください（ませ）」図示省略）

否定で，それ以上に出ない範囲
二度としない

図W3-63 二度としない

読んだって言う

「にて」から「で」の格が生まれました(W 3.6)。では,「とて」から何が生まれたのでしょうか。

まず「と」の例文を見てみましょう。

　　彼女は「これを読んだ」と言う

この表現の構造は右図のようになっています。

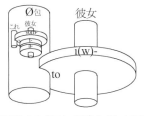

「これを読んだ」という引用部分が1つの名詞のようになって,「と格」に置かれています。

図W3-64 「これを読んだ」と言う

文が名詞のようになることを,ゼロの包含実体(∅包)(W 6.7[6])で表します。

では,問題の「とて」というものはあるのでしょうか。あります。たとえば,『土佐日記』の冒頭にこうあります。

　　男もすなる日記といふものを,女もしてみむとてするなり

　　　（男もするという日記というものを,女の私もしてみようと思ってするのである。）

この「とて」は,「と思って」とか「と言って」などの,中の動詞が省略されたものです。ちょうど,「にて」が「にして」の動詞「し」を省略したことと似ています。

　　「と思って」,「と言って」　→　「とて」

「にて」のほうは「で」となり,新しい「で格」を生みました。nite → ᵚde → de
「とて」のほうは「って」となりました。　　　　　　　tote → tte（母音の o の脱落）

しかし,「って」は「とて」が口語化しただけで,意味は「と」と同じままです。つまり,「って」は新しい格とはなりませんでした。

このことを図で示せば,下のようになります。　（p.36 の「で」の図と比較）

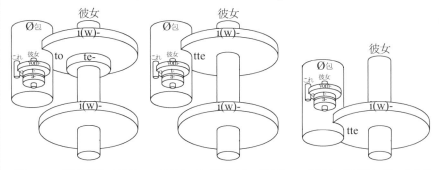

図W3-65 読んだとて言う　→　図W3-66 読んだって言う　→　図W3-67 読んだって言う

問W3-15「私∅1は妻と病魔と戦う」「私と妻が病魔と戦う」の「と」は同じですか。。
問W3-16「駅へと向かう」の表現にある,格詞の重複「へと」を説明してください。

谷さんて人 　　　「って」は「と」の口語形(前ページ参照)です。 　　『文法』11.5 ⑤

「って」は「と」の口語形ですが，次の例では「(っ)て」は「と」に戻せません。

「谷さん(っ)て，知ってる？」 ……………… 「*谷さんと，知ってる？」

「谷さん(っ)て人／(っ)つう人，知ってる？」… 「*谷さんと人，知ってる？」

これらは「谷さんという人，知ってる？」と同じ意味です。ということは

という人 to=i(w)-u 　＝ 　(っ)て人 tte-Øu ／(っ)つう人 tts(w)-u 　＝ 　(っ)て tte-Øu

という関係になっています。「(っ)て人」「(っ)つう人」「(っ)て」とは何なのでしょう。

次の図で，①〜⑥の6つの要素があることが分かります。(「ん」の後は「って」よりは「て」のほうが多いようです。)

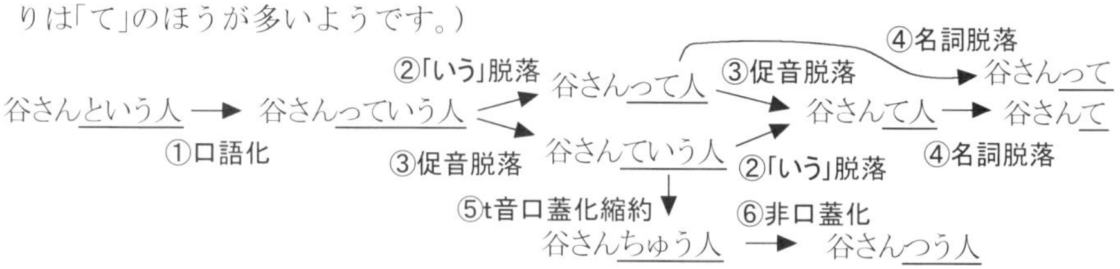

図W3-68 「という人」から「(っ)て人」「(っ)つう人」,「(っ)て」へ

「(っ)て」「(っ)つう」は，「 [呼称]という[名詞] 」の構造でできた「基」であるわけです。ここでは構造を「世間が人を谷さんという」としました。ここから「谷さんという人」「(っ)て人」「(っ)つう人」「(っ)て」が描写されます。

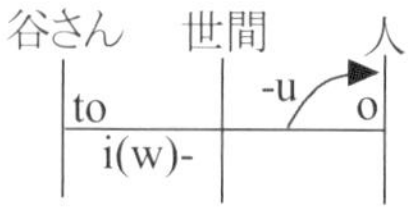

図W3-69 谷さん(っ)て／つう人

この基の構造例をいくつか見てみます。

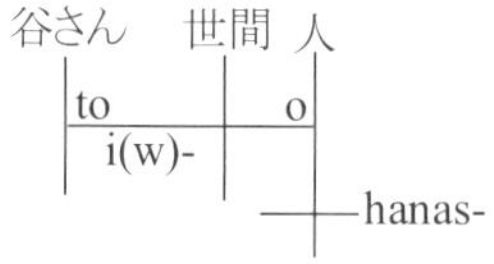

図W3-70 谷さんて/つう人が話す 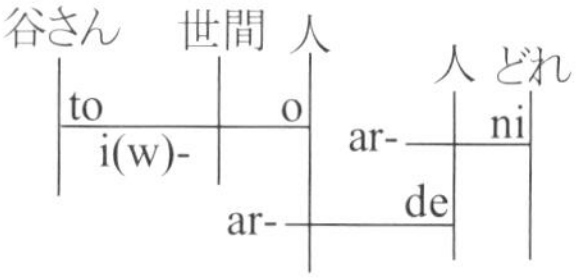 　図W3-71 谷さんてどんな人？ 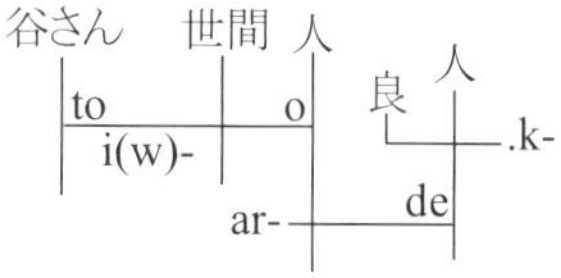 　図W3-72 谷さんていい人

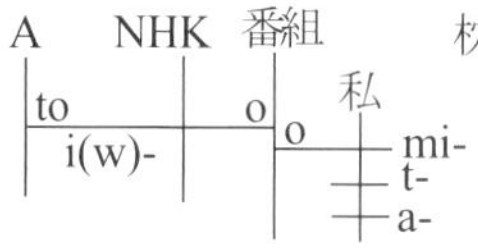

図W3-73 　　　　　　図W3-74 　　　　　　図W3-75

Aっていう/つう番組を見た 　『枕草子』って読んだ？ 　　これって，朝食べるの？

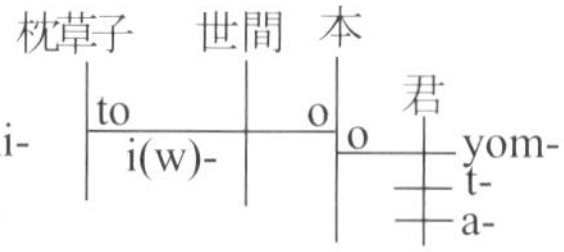

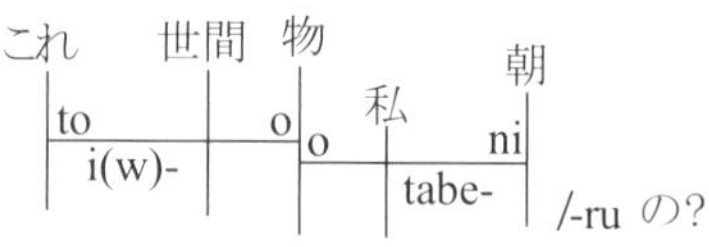

「これって」の「これ」は呼称ではありませんが，この構造と考えます。

「の？」の構造は正確にはW 5.4 の構造になりますが，ここでは省略します。

問W3-17 「(っ)つう (t)tu(w)-u 」を新しい動詞とみることは可能ですか。

W3.8 格表示の歴史[7] から格　　　　　　　　『文法』11.6

図W3-76
から格

8c	9c	10c	11c	12c	13c	14c	15c	16c	17c	18c	19c	20c	21c
奈良		平安			鎌倉		室町				江戸		現代

から格

「から」は奈良時代に名詞から格詞へと転ずる過渡期にありました。

「から」は，「国から(お国がら)」「神から」のように，何かの「本来の性質」を意味する名詞でした（下左図）。「国」と「から」を結ぶのは ＋(第4修飾法，A16 章)で，「国＋から」のようになります。下右図は包含実体の「から」です。

図W3-77 国にからがある　　　　　図W3-78 見るからに強そうだ

この「から」が「自然のなりゆき」を捉えているように感じられ，「原因・理由」を始め，「時間・空間的起点」，「経由点」，「初め」，「原料・材料」，「それ以上」などを表す格詞になりました。

図W3-79 中国から伝わる　　図W3-80 5番から歌う　　図W3-81 1万人から来る

また，「から」には次のような使い方があります。

(1) これから が 本番だ

この格詞「から」には別の格詞「が」が直接について
います。しかし，格詞が2つ直接についている
のは表層の表現でのあり方であって，構造上の
あり方ではありません。構造上では，たとえば，
次のようになっています。

図W3-82 これからが本番だ

(1a) これから(始まる劇)が本番だ

(1b) これから(始まるの)が本番だ

この構造の中の，状況などから，表現しなくとも伝わると思われる，( )内の部分が省略されて「(1c) これから( )が本番だ」となったものが上の(1)の表現です。

問W3-18「お茶を飲みながら話をする」の「ながら」について説明してください。

W3.9 格表示の歴史[8] より格

『文法』11.6

図W3-83

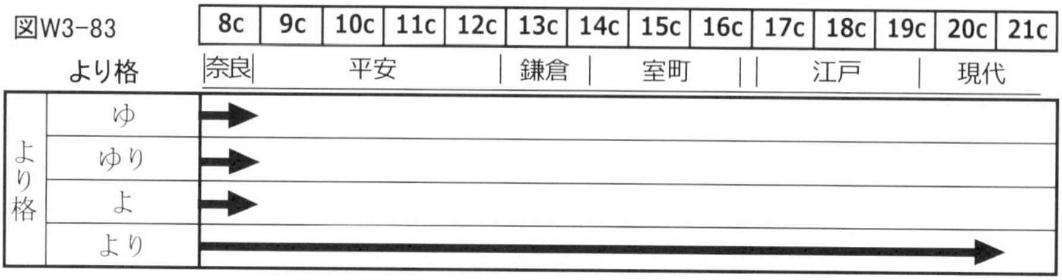

より格
8c 9c 10c 11c 12c 13c 14c 15c 16c 17c 18c 19c 20c 21c
奈良
平安
鎌倉
室町
江戸
現代
より格
ゆ
ゆり
よ
より

「より格」は奈良時代から使われています。同系の格詞として「ゆ・ゆり・よ」がありましたが，これらは平安時代には使用されなくなりました。

「より格」は「起点」を表すほか，「比較の基準」，「(否定で)限定」などを表します。

「より良い」のように格詞「より」の前の名詞が省略される使い方があります。

W3.10 格表示の歴史[9] まで格

『文法』11.6

図W3-84

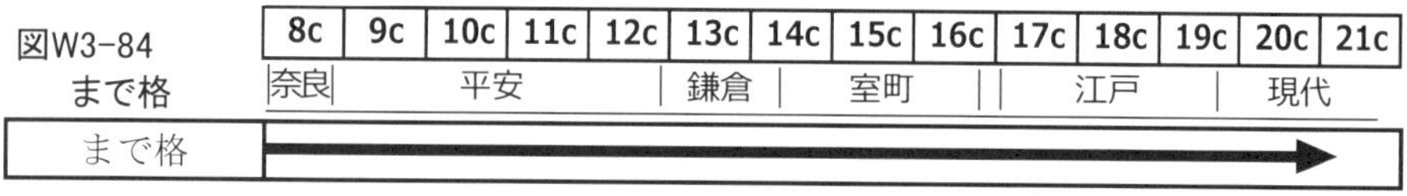

まで格
8c 9c 10c 11c 12c 13c 14c 15c 16c 17c 18c 19c 20c 21c
奈良
平安
鎌倉
室町
江戸
現代
まで格

「まで格」は奈良時代には格詞としてすでに出現していました。これももとは名詞の「真手(まて)」(両手をひろげた長さ)であろうと考えられています。

「まで」は元来名詞だったので，4種類のあり方で拡張することができました。①格詞，②小円筒，③包含実体，④相対化描写詞としての4種類です。

①格詞　時間・空間的な帰着点や範囲を表している「まで」は格詞です。

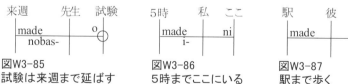

来週
先生
試験
made
o
nobas-

図W3-85
試験は来週まで延ばす

5時
私
ここ
made
ni
i-

図W3-86
5時までここにいる

駅
彼
made
aruk-

図W3-87
駅まで歩く

問W3-19「より格」には他の格と異なる性質があります。説明してください。

②小円筒　　格詞ではありません。「[名詞]まで・に」の形。(Up.36, A17.1 ⑥ 参照)

3時まで・に帰る

この「まで」にはもとの名詞の性質があり，「3時」という名詞に「それに至る時間的幅」を持たせて新たな名詞「3時＋まで」にしています。「3時まで・に」の意味は「3時以前のある時点に」ということで，この「まで」は「それに至る幅」を与えます。

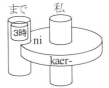

図W3-88　3時までに帰る　　　　　　　図W3-89　3時までに帰る（簡略図）

③包含実体　　格詞ではありません。「[文]まで」の形をしています。36.9 参照

番組が始まるまでに帰る

この「まで」は「番組が始まる」に至る時間の幅を表している包含実体です。包含実体ですから，内包する文を「まで」で名詞化する機能があります。

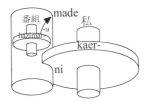
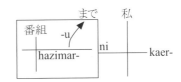

図W3-90　始まるまでに帰る　　　　　　図W3-91　始まるまでに帰る（簡略図）

④相対化描写詞　　格詞ではありません。ほかの実体の存在を示唆します。

君∅₁まで彼を責める　　「君」は主格にあります。　　（下左図）
彼にまで話す　　　　　「彼」は客格（に格）にあります。（下右図）
この「まで」は極端な場合を挙げて，ほかにも同類があることを暗示しています。

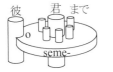
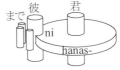

図W3-92　君∅1まで彼を責める　　　　　図W3-93　彼にまで話す

問W3-20「駅へ歩く」「駅まで歩く」の違いを説明してください。
問W3-21「彼が来るまで待つ」「彼が来るまでに電話がある」の違いは何？

W3.11 格表示の歴史[10] Ø₂格

	8c	9c	10c	11c	12c	13c	14c	15c	16c	17c	18c	19c	20c	21c
図W3-94 Ø₂格	奈良		平安			鎌倉		室町			江戸		現代	
Ø₂格														

「Ø₂格」というのは客格の1つです。主格「Ø₁格」同様，音で格を表しません。

　　彼 Ø₁ は やはり Ø₂ 泳ぐ。

この文で，実体「やはり」は「予期したとおりに」生起するという意味を持ちます。それが属性「泳ぐ」と「その意味において」という「格(意味の関係)」を持っていますが，「に」のような耳に聞こえる格詞を持っていません。

　　やはり …… 予期したとおりに
　　Ø₂ …… その意味において

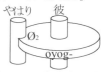

図W3-95 やはりØ₂泳ぐ

国語文法ではこのような語を副詞といっています。副詞とは「主語・述語にならない語のうち，主として連用修飾語として用いられるもの。ときに他の副詞・体言をも修飾する。」というものです。……しかし，本文法には副詞というものはありません。コラムW5 (p.108) を参照してください。

さて，「Ø₂格」は格表示の「省略」とも異なります。

　　9時出発。　（9時 Øni 出発。）

この文の「9時」は「に格」の「に」の表示を省略したもので，「Øni」がこのことを記号化しています。「Øni」(「に」の省略)は「Ø₂格」ではありません。

図W3-96 9時 Øni 出発

このØ₂格は，国語文法では第1主格(Ø₁格)同様，正当な扱いを受けてこなかったので，辞書・辞典類には格としての記述がありません。用例は多いので，ここに一例を挙げておきます。以下の例では，「いま」や「今年」，「昨日」のように「<u>現在の時点を基準として表現するその時点で事象が生起する</u>」という格関係を表しています(下線部)。

　　<u>朝猟</u>にいま Ø₂ 立たすらし　（万葉集 3）
　　<u>今年</u> Ø₂ 行く 新島守が麻衣　（万葉集 1265）
　　<u>昨日</u> Ø₂ 見て 今日こそへだて 吾妹子が　（万葉集 2559）
　　<u>去年</u> Ø₂ 焼けて 今年作れり　（方丈記・ゆく河）

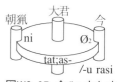

図W3-97 今Ø₂立たす

W3.12 格表示の歴史[11] 一覧表

「格表示の歴史」を，一覧表の形で示しておきます。

既述のように，「で格」は「に格」から生まれました。「へ格」は「に格」の一部に沿う形で生まれました。

図W3-98 に格

表W3-5　格表示の歴史

		8c	9c	10c	11c	12c	13c	14c	15c	16c	17c	18c	19c	20c	21c
		奈良		平安			鎌倉		室町			江戸		現代	
主格	Ø1	→————————————————————————————→													
	が1，が2						→————————————————→							
	が1 従属節内	…を… ▪▪▪▪ が ▪▪▪▪ / が →————————————→													
を格	目的格 Ø目	→————————————————————————————→													
	目的格 を目				→————————————————————→									
	一般格 Ø一	→————————————————————————————→													
	一般格 を一				→————————————————————→									
	に格	→————————————————————————————→													
へ格	遠い目標	→————————————————————————————→													
	移動目標				→————————————————————→									
	着点・対象			→————————————————→										
	場所など					→————————————→								
で格	にして	→→													
	にて		→————————————————————→											
	で			→————————————————→										
と格	と	→————————————————————→													
	って												→→		
	から格	→————————————————————→													
より格	ゆ	→→													
	ゆり	→→													
	よ	→→													
	より	→————————————————————→													
	まで格	→————————————————————→													
	Ø2格	→————————————————————————————→													

上の表では，「に格」は簡単にしか表していません。さらに詳細に歴史を反映させることも考えられます。(他の格についても同様のことがいえます。)

W3.13 準格詞

について　　　　　準格詞は基の形をしています。

「で格」は「に(し)て」から生まれたことをp.36で見ました。「にして」の形と「で」の形の関係はこう表示できます。

名詞 <u>にして</u> 動詞　　海 <u>にして</u> 泳ぐ　　umi-<u>ni s-i=te-Ø</u> oyog-u

名詞 <u>で</u> 動詞　　海 <u>で</u> 泳ぐ　　umi-<u>de</u>　　　　oyog-u

意味は、「その名詞の示す場所において、動詞の示す行為をする。」ということで、この形式「<u>にして</u>」「で」は名詞と動詞の論理関係を表しています。格です。

では、次の表現について検討してみます。

宇宙<u>について</u>話す

これは、「名詞 <u>について</u> 動詞」ですから、「海 <u>にして</u> 泳ぐ」と似ています。

名詞(宇宙) <u>について</u> 動詞(話す)　　utyuu-ni tuk-i=te-Ø hanas-u

ここで使われている「ついて tuk-i=te-Ø」は動詞「就く tuk-u」の「動作や思考などの対象を限定的に示す。」の意味で使われています。(しかし、「宇宙に就く」とは表現しません。)

つまり、「について」は、「その名詞の示す事項を対象として、動詞の示す動作をする」という意味で、名詞と動詞の論理関係を表していますから、「格」と同じ機能をもっています。

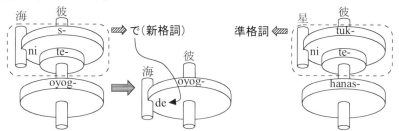

図W3-99 海に(し)て泳ぐ　図W3-100 海で泳ぐ　　図W3-101 星について話す

準格詞　　「にして」は「で」となって新しい格詞になりましたが、「について」は格詞になってはいません。このような、格を表しているのに格詞になっていない形式を「**準格詞**」と名付けます。これは「基」の形になっています。

問W3-22「準格詞」が「基」の形になっている、とはどういうことですか。

準格詞の例

　「準格詞」の中にあるテ形の動詞は，前にある名詞と，後ろにある動詞などの論理関係を表すために存在しているといえます。このような形式の例として以下のものをあげておきます。テ形動詞の部分は記号Vで表します。

に V て

以下の「応／関／対／反」などは外来語(中国語)なので名詞の扱いです。これを動詞として用いるときは，動詞「する／ずる」の「を格」に立てます。

において	面接は3号室において行われる。
に応じて	大きさに応じて値段が異なる。
に関して	これに関して質問がある。(右図)
に対して	彼に対して言う必要がある。(下左図)
につれて	夜が更けるにつれて寒くなる。(下右図)
にとって	それは彼にとって好都合だ。
に反して	予想に反して彼が話した。

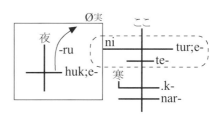

「関」は外来語(中国語)
図W3-102 に関して

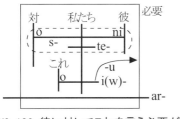

図W3-103 彼に対してこれを言う必要がある　　図W3-104 夜が更けるにつれて

と V て ／ を V て

「に V て」のほかに「と V て」「を V て」などの形をしたものもあります。

として
　彼は代表として参加する。(下図)
をめぐって
　現在の経済状況をめぐって討論する。(左図)

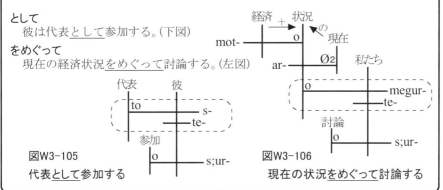

図W3-105
代表として参加する

図W3-106
現在の状況をめぐって討論する

コラムW1

「日本語構造伝達文法」の誕生と発展

「日本語構造伝達文法」はどのようにして生まれたのですか，と聞かれることがあります。これは，この文法に関心を寄せてくださる方の当然の疑問だと思いますので，ここに簡単に答えておきます。この文法は今泉の体験とともに生まれたものなので，その体験を述べることになります。（第41章，B，Cあとがき参照）

［北園高校・東京外国語大学］

私は1948年5月に生まれました。父は大工でしたので，私は都立北園高校の生徒になってからは，よく仕事を手伝いに行きました。父は私が大学へ進学することは特に望んでいなかったようです。しかし，私が東京外国語大学受験を望んでも反対はしませんでした。国立大学なら行ってもよいということでした。

高校の第2外国語としてロシア語を学習したという理由でロシア語学科を受験しましたが，不合格。翌年モンゴル語学科に入りました。学部・大学院を通じて，モンゴル語はもちろん，ロシア語，中国語，朝鮮語をはじめトルコ語，チベット語，ヘブライ語等を勉強しました。また，はじめは文学を志望していましたので，西洋の古代哲学や，キルケゴール，ルソー，デカルト等々の読書もしました。

学部のゼミは哲学研究のゼミで，カントの『純粋理性批判』の手ほどきを受けました。卒業論文はルソーの『エミール』中の「サヴォアの助任司祭の信仰告白」についてでした。これは，人間の心・思考には天与の法則がある，というもので，カントに大きな影響を与えました。もちろん私の研究の大原則ともなりました。

学部には5年間在籍しました。学生運動ということもありましたが，大学に入って自由に好きなことを思いっきりできる勉強が，とてもおもしろかったのです。

［大学院・日本語構造伝達文法の誕生］

専攻したのがモンゴル語で本当によかったと思います。文法が日本語と似ているだけに，「国語」での伝統的な「かな」による文法に疑問が持てたからです。

日本語の「は」がモンゴル語の「ニ」，朝鮮語の「ウン（ヌン）」に機能が似ていたので，「格」と「は」の関係について考えることが日本語研究の入り口になりました。

また，大学院に入って間もなく，集合の図示法にヒントを得て，深層構造を立体モデルで示す方法を思いつきました。この深層構造は，日本語が口から発せられる前の段階として，頭の中に想定できるものです。

大学院には モンゴル文学を研究するつもりで入ったのですが，半年あまりで日本語研究に転じたわけです。修士論文は「日本語構造文法」というものでした。

こうして，「日本語構造伝達文法」の基礎が生まれました。

[日本語教師，そして杏林大学教員へ]

　日本語の研究を続けるために，職業として日本語教師の道を選び，モンゴル，パキスタン，スペインで9年間，勉強しながら日本語を教えました。パキスタンではウルドゥー語，スペインではスペイン語を知りました。その後，杏林大学で教職に就き，本格的に研究をし，日本語構造伝達文法を充実・発展させました。

表コW1-1　今泉の略歴　　年齢は事項発生時の満年齢

西暦	年齢	事　項
1948	0	5月に生まれる
1964	15	都立北園高校入学　第2外国語としてロシア語を学習　ESS部員
1968	19 — 24	東京外国語大学モンゴル語学科入学／モンゴル語，ロシア語，中国語，ヘブライ語を学習／西洋古代哲学，ルソー，カント，キルケゴール等を勉強／卒業論文は「サヴォアの助任司祭の信仰告白」
1973	24 — 26	同大学大学院入学　朝鮮語，チベット語，トルコ語等学習／集合の図示をヒントに，立体的な日本語の構造モデルを思いつく／大学院の研究内容をモンゴル文学研究から日本語文法研究に変更／修士論文は「日本語構造文法」／　　　　　　修了後は学習塾等講師
1978	29	国立国語研究所の日本語教育長期専門研修受講（1年弱）日本語教師になる　　　国語学会，日本言語学会等で研究発表
1980	31	モンゴル国立ウランバートル大学で日本語教員（1年間）
1981	32	パキスタン・在カラチ日本国総領事館で日本語教育（4年強）
1986	38	スペイン公立マドリッド・アウトノマ大学で日本語教員（3年強）
1990	41	杏林大学 外国語学部 日本語学科 で教員になる（24年間）以後，学部紀要に「日本語構造伝達文法」の研究論文を毎年発表
1998	49	研究休暇で1年間，韓国・高麗大学の客員研究員となり研究・執筆
2000	51	『日本語構造伝達文法』出版
2003	55	『日本語構造伝達文法・発展A』出版
2008	60	博士号取得（杏林大学・学術博士）
2009	61	『日本語態構造の研究－日本語構造伝達文法 発展B－』出版
2014	65	『主語と時相と活用と』（日本語構造伝達文法 発展C）出版杏林大学定年退職（退職後も研究，趣味は歌謡曲の練習）
2015	67	『日本語のしくみ(1)』（日本語構造伝達文法 S）出版
2016	68	『日本語のしくみ(2)』（日本語構造伝達文法 T）出版
2017	69	『日本語のしくみ(3)』（日本語構造伝達文法 U）出版
2018	70	『日本語・中国語・印欧語』（日本語構造伝達文法・発展D)共著出版
2019	70	『日本語のしくみ(4)』（日本語構造伝達文法 V）出版
2020	71	『日本語のしくみ(5)』（日本語構造伝達文法 W)（本書）出版

コラムW2

一部の「までに」は格か

　「まで」は元からの格ではなく，元来「真手」という名詞だったようです。それで，4つの機能が持てることになりました。①格，②小円筒，③包含実体，④相対化描写詞　としての4機能です(W3.10)。

　ここで問題になるのは，p.43 の③包含実体の例文です。

　　番組が<u>始まるまでに</u>帰る

構造は下左図のようになります。もし，この文が

　　番組が始まる**とき**までに帰る

となったらどうでしょうか。「とき」も包含実体です。構造は下中図のようになるはずです。これでは made の置き場がありません。ni の場所に made を置くと，意味が分かりにくいです(下右図)。

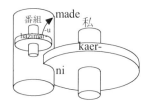
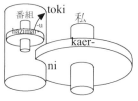
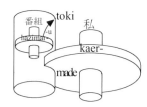

図コW2-1 made-ni　　　　図コW2-2 toki-ni　　　　図コW2-3 toki-made

　それで，「までに madeni 」を１つの格とするべきなのではないかということになります(下両図)。意味は，「まで」と「に」の意味から，このようになります。

　　<u>ある時点，ある位置に至る時間・空間的長さの中において行為する。</u>

　この例の場合は，「番組が始まる前に帰宅する」の意味になります。

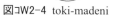
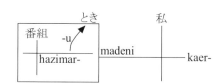

図コW2-4 toki-<u>madeni</u>　　　　図コW2-5 toki-madeni

　つまり，「まで made 」が格詞としてしか考えられない場合に「までに madeni 」とあれば，<u>これは madeni を1つの格詞とみなすほかない</u>，ということです。

・元来名詞であった「から」も，格と包含実体になりました (p.41)。
・「へと」「にと」は，いずれも，格の重複です (「答W3-16 」)。

W4章　「の」の拡張5段階

「の」の拡張を構造図で示します。

「実体つなぎ」 → 「実体」 → 「包含実体」
の[1][2]　　の[3][4]　　の[5]

この章では次のようなことを扱います。

W4.1 「の」は実体をつないで表層化する　(52)
　　　「の」の元来の機能は「AのB」のように実体をつなぐことでした。

W4.2 「の」[1]…実体つなぎの「の」　(54)
　　　「の」の機能は「A→B」の，矢印に当たります。

W4.3 「の」[2]…ノ後実詞を省略する「の」　(56)
　　　「の」の後ろは当然，実体(名詞)なので，B省略可能。「A→B̶」

W4.4 「の」[3]…ノ後実詞を含む「の」　(57)
　　　「の」が後ろの実詞Bをも取り込みます。

W4.5 「の」[4]…便利な実体の「の」　(58)
　　　「の」が便利な実体として独立します。

W4.6 「の」[5]…包含実体としての「の」　(62)
　　　「の」が構造を内蔵する実体，包含実体となります。

W4.7 「∅包」が「の」に　(64)
　　　以前のゼロの包含実体「∅包」が包含実体の「の」になりました。

W4.8 「の」の拡張5段階の一覧表　(66)
　　　「の」[1]～「の」[5]の拡張を一覧表にしました。

実体をつなぐ「の」と「が」

『文法』第36章

　　下の例は古語の例で，「妹」は「いも」と読み，「海人」は「あま」と読みます。

「$\emptyset_1$格」は本来的な主格を表す　　S1.3参照

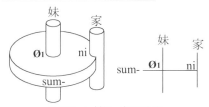

　　　　図W4-1　妹$\emptyset_1$家に住む　　　　　　　　図W4-2　海人$\emptyset_1$舟をこぐ

　「妹」は sum- の主格（$\emptyset_1$格）にあり，「海人」は kog- の主格（$\emptyset_1$格）にあります。

　　　　妹$\emptyset_1$家に住む（sum-）　　　（読み方は「妹，家に住む」です。）
　　　　海人$\emptyset_1$舟こぐ（kog-）　　　（読み方は「海人，舟こぐ」です。）

　　文においては，「妹」「海人」は共に主語です。

「が」と「の」は実体と実体を結び修飾する

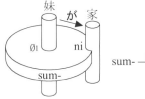

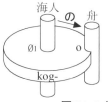

　　　　図W4-3　妹が家　　　　　　　　　　　図W4-4　海人の舟

　　図W4-1，-2の構造において，上図のように実体と実体を「が」と「の」が結びつけました。「妹が家」「海人の舟」……前の語が後ろの語を修飾（説明）しています。

「が」と「の」の違い

　　　　「が」……ウチと感じられる実詞（名詞）に付きます。
　　　　「の」……ソトと感じられる実詞（名詞）に付きます。

　現在もこの違いの残っている，日本語のケセン語という方言での例

　　が……親しみが感じられる実詞に付く。親愛・卑下の対象。（ウチなるもの）
　　　　　例　とっつぁまが背中　（自分の父親の背中）

　　の……改まった感じになる実詞に付く。敬意の対象。（ソトなるもの）
　　　　　例　とっつぁまの背中　（他人の父親の背中）

　　この「が」と「の」の違いは，鎌倉時代から江戸初期まで強く見られました。

問W4-1　「我が国」「君が代」の構造を示してください。

動詞も修飾に加わる

前ページでは，「が」と「の」が実体を修飾していました。その後，動詞も実体の修飾に加わるようになりました。

「が」の場合

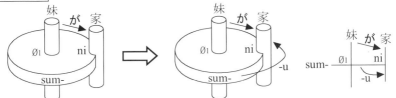

図W4-5 妹が家　動詞「住む」も「家」を修飾→　図W4-6 妹が［住む］家

「の」の場合

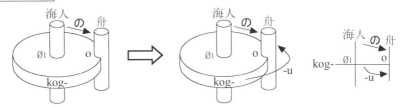

図W4-7 海人の舟　動詞「こぐ」も「舟」を修飾→　図W4-8 海人の［こぐ］舟

「が」は主格詞に変化，「の」は実体つなぎ詞のまま

「が」…動詞と結びつき，修飾節の中の主格(主語)を表示するようになりました。
「の」…変化せず，実体をつなぐ機能を保ちました。

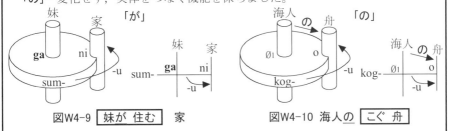

図W4-9 ［妹が 住む］ 家　　　図W4-10 海人の ［こぐ 舟］

新しい主格詞「が」が誕生　主格詞「∅1」と「が」の違いについては S1.3 参照。

　元来，主格詞は「∅1」の1つだけでしたが，こうした形で名詞を修飾する従属節の中の主格を示す主格詞「が」が生まれました。……［妹が住む］家

　のちにこれが主文の中の主格も表すようになりました。……この家に兄が住む。
それで，主文の主語は，主格詞「∅1」だけでなく，「が」でも示されるようになりました。鎌倉・室町時代のことです。　　兄 ∅1／が この家に住む。

W4.2 「の」[1]…実体つなぎの「の」　　　の[1]　　　『文法』36.1〜3

「の」の機能

「の」は所有格？……ではありません。「の」は格ではないので。

「の」の機能は，順次述べるように拡張しますが，もとは次のことです。

※「AのB」という形で，構造上にある2つの実体を結びます。

※つまり，「Aの」がBを修飾(説明)します。

※Aは実体であり，属性とは「格」で(論理で)関係しています。(なので，たとえば，「Aの」は，「A(ga)の」や，「A(ni)の」などとしても捉えられます。)

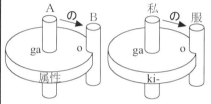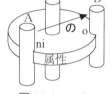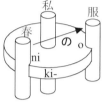

図W4-11　AのB　　図W4-12　私の服　　　　図W4-13　AのB　　図W4-14　春の服

「の」の意味

「の」の意味は，2つに分けて考えられます。

・機能的意味……「結ぶ2実体は構造の上にあり，論理関係を持つ。」

・語彙的意味……なし。(2実体の論理関係が「の」の意味のようにみえます。)

「の」そのものには「所有」等々の意味はありません。「Aの」の語彙的意味は，「の」の結ぶ2つの実体が，その構造でどのような論理関係で存在しているのかで決まります。その論理関係を知りたいときは，「AのB」とあるとき，「A ni のB」のように，Aの格情報を補って，AとBを関係づけている動詞を推測します。

表W4-1a　実体つなぎの「の」　①〜③

① 所有者	② 所属先	③ 内容物
彼の車 （彼∅₁の車）	本社の社員(本社 ni の社員)	パイの箱 （パイ ga の箱）

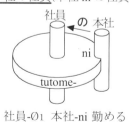

彼-∅₁ 車-o 持つ	社員-∅₁ 本社-ni 勤める	パイ-ga 箱-ni ある

問W4-2「AのB」という形式の中にあるA，Bはどんな名詞ですか。

問W4-3「彼の本」の「彼」はいくつぐらいの意味(あり方)がありますか。

表W4-1b 実体つなぎの「の」 ④〜⑫

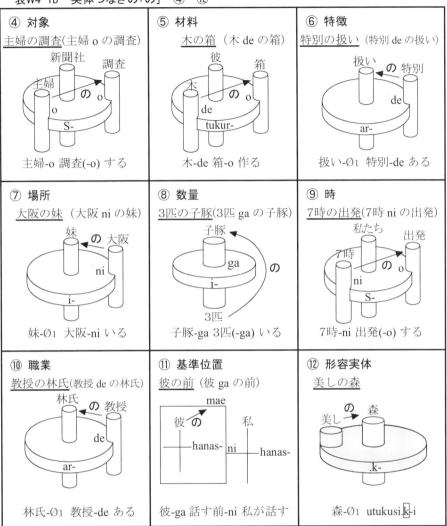

④ 対象
主婦の調査(主婦 o の調査)
主婦-o 調査(-o) する

⑤ 材料
木の箱（木 de の箱）
木-de 箱-o 作る

⑥ 特徴
特別の扱い (特別 de の扱い)
扱い-Ø1 特別-de ある

⑦ 場所
大阪の妹（大阪 ni の妹）
妹-Ø1 大阪-ni いる

⑧ 数量
3匹の子豚(3匹 ga の子豚)
子豚-ga 3匹(-ga) いる

⑨ 時
7時の出発(7時 ni の出発)
7時-ni 出発(-o) する

⑩ 職業
教授の林氏(教授 de の林氏)
林氏-Ø1 教授-de ある

⑪ 基準位置
彼の前（彼 ga の前）
彼-ga 話す前-ni 私が話す

⑫ 形容実体
美しの森
森-Ø1 utukusi.k-i

　このほかにもいろいろな「AのB」形式があります。上のように，もとになって
いる構造を明らかにして，Aの格を考え，AとBの論理関係を把握してください。

問W4-4「〈AのB〉とあったら，Aの格を考えよ。」 この理由が説明できますか。
問W4-5「彼の出発」はどんな構造から出ていますか。
問W4-6「パパの意地悪！」を説明してください。
問W4-7「大忙しの母でした。」の構造を示してください。

W4.3「の」[2]…ノ後実詞を省略する「の」　　　の[2]　　　　　『文法』36.4

> **ノ後実詞の省略**　　　「の」の後ろにある実詞を「ノ後実詞」といいます。
>
> 「の」は実体どうしをつなぎ，「AのB」という形を作ります。つまり，<u>「Aの」の</u>
> <u>あとは別の実体 B がくることは分かりきっています</u>から，意味の保てる場合は
> B の描写を省略して，省力します。……「**ノ後実詞の省略**」が起こります。
> 　下左図は，「私**の**服」を示しており，下右図は「春**の**服」を示しています。

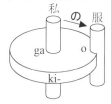 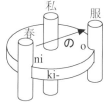

図W4-15 私の服　　　　　　図W4-16 春の服

> 　この構造に「である」を加えると下図のようになります。

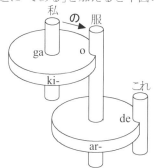 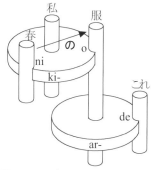

図W4-17 私の服$\emptyset_1$(は)これである　　図W4-18 春の服$\emptyset_1$(は)これである

> 　この構造を描写して文にするときに，**ノ後実詞**（「の」の後の実詞）を言わないこ
> とがあります。言わなくても，伝えたいことが伝えられると思える場合です。
> (1) 私の服$\emptyset_1$(は)これである。 → **私の服**$\emptyset_1$(は)これである。右ページ上左
> (2) 春の服$\emptyset_1$(は)これである。 → **春の服**$\emptyset_1$(は)これである。右ページ上中央
>
> > **W4.1 と W4.2 の「の」[1] は，構造の上では矢印（→）で示されていました。**
>
> $$\xrightarrow{\text{の}}$$
>
> 　　　　　図W4-19　の[1]　　　　の[2]の図は右ページ上・右に

問W4-8「私の家」「電車の入口」「北国の便り」の構造を示してください。

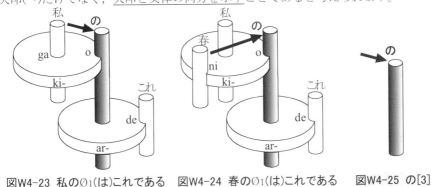

左ページの(1), (2)の構造はこうなっています。下の構造と比較してください。

図W4-20 (1)私の服∅₁(は)これ　　図W4-21 (2)春の服∅₁(は)これ　　図W4-22 の[2]

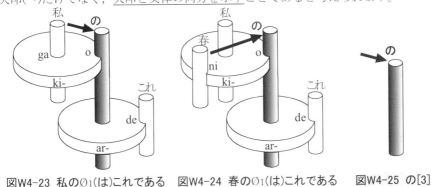

W4.4 「の」[3]…ノ後実体を含む「の」　　の[3]　　『文法』36.5

　聞こえ方は，前ページの「私の(私の服)」「春の(春の服)」と同じですが，構造としては，「の」が後ろの実体までも含むことに違いがあります。

　　　「私の」=「私の服」　　　「春の」=「春の服」

　つまり，ここでの「の」は，「のもの」を表します。したがって，「の」の機能は，矢印(→)だけでなく，矢印と実体の両方を示すことであると考えられます。

図W4-23 私の∅₁(は)これである　　図W4-24 春の∅₁(は)これである　　図W4-25 の[3]

問W4- 9「私の服／私の」(「の[2]」と「の[3]」) は，聞いて区別できますか。
問W4-10「これは私の服です。」(の[1])を構造で示してください。
問W4-11「これは 私の服／私の服／私の です。」(の[1]〜の[3])を構造で示して。
問W4-12「これは 私の本／私の本／私の です。」を英語でどう表現しますか。

「の」が「実体」として独立

江戸初期のようです。

前ページの「の」の機能は，矢印(→)と実体の両方を示すことでした(下左・中図)。次に，「の」は矢印(→)で示される機能を捨てて，実体として独立しました。

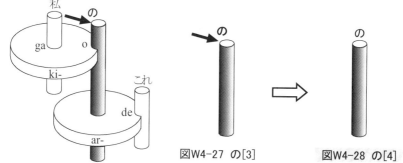

図W4-26 私のØ₁(は)これである 図W4-27 の[3] 図W4-28 の[4]
 矢印と実体の「の」 「の」が矢印から独立

ここに誕生した実体「の」は非常に便利な実体で，他の実体の代用となります。名詞は何でも「の」で言い換えられ，その名詞を言う必要がないのです。ただし，「の」が何の代用であるかを示すため，修飾（説明）する必要があります。

動詞・動詞基で修飾

　　(1) のが来た。

と言えますが，「の」は，たとえば次のように修飾されなければなりません。

　　(2) 私たちが乗る のが来た。

これで，「の」が，「バス」や「電車」等の乗り物をさす実体の代用であることが分かります。ここでは「乗る nor-」という動詞が修飾しています。

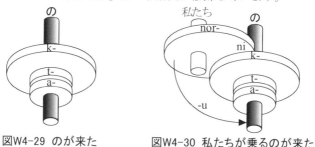

図W4-29 のが来た 図W4-30 私たちが乗るのが来た

問W4-13 実体としての「の」を動詞で修飾してください。

(3) のを食べた。

であれば，「の」が動詞基「作った tukur-i=t-Ø=a(r-u)」等により修飾されて，「の」が
ケーキなど，何かの「食べ物」をさす実体の代用であることを示す必要があります。

(4) 妹が作った　のを食べた。

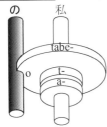 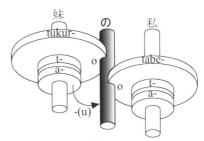

図W4-31 のを食べた　　　　図W4-32 妹が作ったのを食べた

| 形容詞で修飾 |

(5) のが来た。

これは，「うるさい urusa.k-」という形容詞で修飾することもできます。

(6) うるさい　のが来た。　　　（この「の」は「人」や「子ども」などの代用）

図W4-33 のが来た　　　　　図W4-34 うるさいの　　　　図W4-35 うるさいのが来た

(7) のを食べた。

は形容詞でも修飾できます。「大きい ooki.k-」で修飾すると，こうなります。

(8) 大きい　のを食べた。　　　（この「の」は実体「いちご」などの代用）

  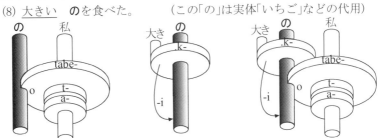

図W4-36 のを食べた　　　図W4-37 大きいの　　　図W4-38 大きいのを食べた

「な基」で修飾

（9）のが来た。

これは，な基「-ni=ar-」で修飾することもできます。

（10）にぎやかな　のが来た。　　　　　　　にぎやかな　nigiyaka-n(i)=a(r-u)

この「の」は実体「おばさん」の代用の可能性もあります。

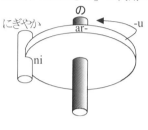

図W4-39　にぎやかなの　　　　　図W4-40　にぎやかなのが来た

（11）のを食べた。

を，な基「小ぶりな koburi-n(i)=a(r-u)」で修飾すれば，

（12）小ぶりな　のを食べた。

となります。この「の」は，実体「ぶどう（一房）」の代用でしょうか。

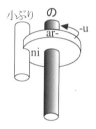
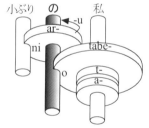

図W4-41　こぶりなの　　　　　　図W4-42　こぶりなのを食べた

「な基」とは

-ni=ar-u という形式で，いつも「な -n(i)=a(r-u) 」
と発音されます。ni 格にある，様態を表す実体を
使って主格にある実体（名詞）を修飾します。

きれいな花　kirei-n(i)=a(r-u) 花

おおきな夢　ooki-n(i)=a(r-u) 夢

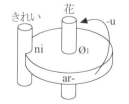

図W4-43　な基　「きれいな花」

名詞で修飾

　名詞(実詞)で実詞を修飾するときは，一般的に「高原の畑」のように「名詞＋の」の形で修飾しますから，実詞が「の」であるときは「高原のの」のようになります。

　ただし，この形はあまり使われないようです。(話し言葉で若干使われます。)

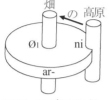 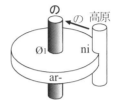

図Ｗ4-44　高原の畑　　　　　図Ｗ4-45　高原のの

「高原の**の**」なら，次のように使えるでしょうか。

　　(13) ここの畑は夏は暑くてね。高原の**の**なら夏でも涼しいんでしょうね。

次の例はどうでしょうか。

　　(14) これ，きみの**の**に入れてくれる？　　（「の」は「鞄」等の代用。）

　　(15) うちの**の**が知らせます。　　（「の」は「妻」の代用。）

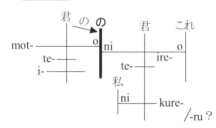

図Ｗ4-46　君ののに入れてくれる？　　図Ｗ4-47　うちののが知らせます

　名詞(実詞)で修飾するときは，ふつうは「**の**」を省略するようです。

　　(13a) ここの畑は夏は暑くてね。高原の~~の~~なら夏でも涼しいんでしょうね。

　　(14a) これ，きみの~~の~~に入れてくれる？

　　(15a) うちの~~の~~が知らせます。

すると，聞こえの上では，「の[2]」の「ノ後実詞の省略」と同じになります。

　　(13b) 高原の~~畑~~　　　　(14b) きみの~~鞄~~　　　(15b) うちの~~家内~~

また，これは，「の[3]」の「『の』がノ後実詞をも含む」場合とも考えられます。

　　(13c) 高原の　　　　　(14c) きみの　　　　(15c) うちの

問Ｗ4-14　実体としての「の」を形容詞で修飾してください。

問Ｗ4-15　実体としての「の」を「な基」で修飾してください。

W4.6 「の」[5]…包含実体としての「の」　　の[5] 江戸時代初期から　『文法』36.8〜9

「の」が構造を内包する

次の文の構造は右図のようになっています。

　(1) 彼女が歌う**の**∅1（は）演歌だ。

「の」は「歌」の代用なので，図のように，属性「歌う uta(w)-」と「を格」で格関係をもっています。

では，つぎの文の構造はどうでしょうか。

　(2) 彼女が歌う**の**を客席で待つ。

この「の」は「歌」の代用ではなく，「彼女が歌う」ことを表現しています。このような場合，「の」は下図のように，彼女が歌うという構造全体を内包し，1つの「包含実体」となっています。全体が1つの名詞となっています。

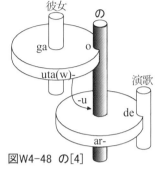

図W4-48 の[4]

彼女が歌う**の**∅1（は）演歌だ

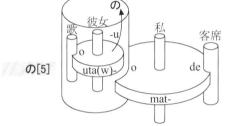

の[5]

図W4-49 彼女が歌うのを客席で待つ

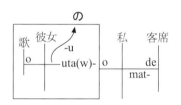

図W4-50 彼女が歌うのを客席で待つ

次のような例もあります。

　(3) やせる**の**にお金をつかう。

　(4) 部屋に入る**の**を彼に見られた。

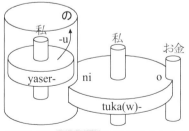
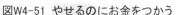

図W4-51 やせるのにお金をつかう

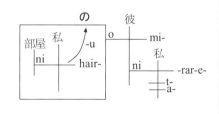

図W4-52 部屋に入るのを彼に見られた

問W4-16 「話す**の**は彼だ」「話す**の**はやめる」の「**の**」の違いは何ですか。

包含実体「の」が主格（Ø1格，が格）にある場合もあります。

(5) <u>泣くの</u> <u>Ø1</u> はいやだ。　　(nak-u の-Ø1-wa いや-d=a-Ø)

(6) <u>彼と映画を見るの</u> が 好きになった。(mi-ru の-<u>ga</u> 好き-ni nar-<u>i</u>=t-Ø=a-Ø)

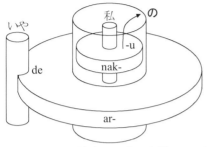

図W4-53 泣くのØ1はいやだ

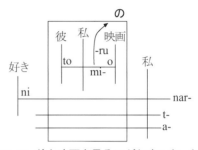

図W4-54 彼と映画を見るのが好きになった

┃ 坊さんかんざし買うを見た ┃　　「Ø包」→「の[5]」

「南国土佐を後にして」という歌の中に「よさこい節」が引用されています。民謡の「よさこい節」とは少々異なりますが，その一節にこうあります。

　　　坊さんかんざし<u>買う</u>を見た

これは古典文法的です。現代語の文法なら，こうなるでしょうか。

　　　坊さんがかんざしを買うのを(私Ø1は)見た

現代語では「買う」のあとに「の」がついて文が名詞となりますが，古語ではこの「の」は不必要でした。動詞が連体形であれば，その後にあるのは当然名詞（体言）なので，名詞が省略されてもその動詞(文)は名詞の扱いになったからです。

　　買う(連体形 ka(w)-u) 姿　…動詞が名詞を修飾

　　買う(連体形 ka(w)-u) <s>姿</s>　…動詞が名詞の扱い

　それで，この歌では「坊さん(が)かんざし(を)買う」という構造の全体が名詞となって，「見る」の「を格」に置かれています。

　構造では「買う」の連体形(-u)が「Ø包」(ゼロの包含実体)を修飾する形になっています。

　　買う(連体形 ka(w)-u) 　Ø包 ＝名詞

　このことは次のページで扱います。

現代語では
Ø包 → の

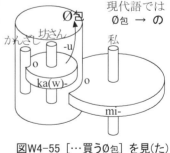

図W4-55 […買うØ包] を見(た)

問W4-17 「あそこで休んだのがよかった。」の構造を示してください。

問W4-18 「彼が1人で来る」を「の包含実体」に入れて，文を作ってください。

W4.7 「Ø包」が「の」に

包含実体

　著書『日本語のしくみ』(1)〜(3) では「の」のほかに，以下のような包含実体を適宜示しました。(包含実体はほかにもあります。)

　まえ，あと，とき，ほう，こと ／ らし，
　さ，そう，っぽ ／ Ø包

このうち特に多かったのは「Ø包」です。

　「Ø包」と「の」は他の包含実体と異なり，語彙的意味を持たないので，意味は構造のあり方から出てきます。

[参考]「うなぎ文」の包含実体「Ø包」

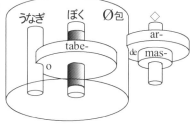

図W4-56　ぼくØ₁はうなぎ／です

「Ø包」……ゼロ(Ø)の包含実体

　右の図は，図U6-43 の図で

　(1) 時間Ø₁は (時間がある Ø包) にはある

　(2) 時間Ø₁は (　　　ある Ø包) にはある

の構造です。この構造では

　(3) 時間がある

という構造が「包含実体」(Ø包) の中に入ることによって，実体となっています。

　(4) 時間がある Ø包 ＝実体

それで，「に格」に立つことができています。

　(5) 時間Ø₁は (~~時間が~~ ある Ø包) にはある

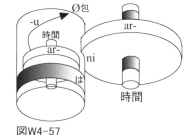

図W4-57
時間Ø₁はある Ø包にはある

　この「Ø包」は，一つの構造全体を意味を持たせずに実体(名詞)化する装置です。

「Ø包」は「の」や「こと」になる

　上の例の「Ø包」は，現代語では「こと」にすることが多くなっています。その際，格表示はしないこともあります。

　(6) 時間Ø₁は (~~時間が~~ある Ø包) にはある

　(7) 時間Ø₁は (~~時間が~~あること) ~~に~~はある

　(8) 時間Ø₁は (　　　あること) 　　はある

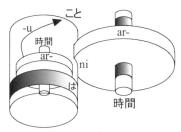

図W4-58　時間Ø₁はあること~~に~~はある

問W4-19 「まえ」を包含実体とする文を作ってください。

　次に，「Ø包」を，現代語で「の」にする例を見てみます。

(9) 彼に会う<u>Ø包</u>には　予約がいる。

「彼に会う」という構造が「Ø包」の中に入って実体(名詞)となり，「要る ir-」の「に格」に置かれています。この「に格」は「行為を実現するため」の論理関係を表します。

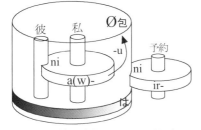 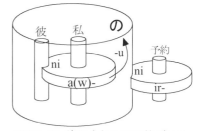

図W4-59 彼に会うØ包には予約がいる　　図W4-60 彼に会うのに予約がいる

「包含実体」を「Ø包」から「の」に変えると，「は」はいらなくなります。

(10) 彼に会う<u>の</u>に　予約がいる。　　(もちろん「は」をつけることは可能です。)

　もとは「Ø包」であったところに「の」が使われるようになりました。このことは，「の」が語彙的意味を持たない包含実体になったことを示しています(W4.6参照)。

現代語での「Ø包」　　以下の「格」は国語文法では「接続助詞」の扱いが多いです。

　「Ø包」は歴史的には古いですが，現代語でもつぎのような形で使用されます。

が格	(まれに忠告で使用)　飛行機で行く<u>Ø包</u>がいい。
と格	やってみる<u>Ø包と</u>いい。　　右へ曲がる<u>Ø包と</u>コンビニがある。
より格	山へ行く<u>Ø包</u>より，海へ行きたい。
から格	午後雨が降る<u>Ø包</u>から，傘を持って出る。
まで格	忘れる<u>Ø包</u>まで覚えていた。

現代語での包含実体の「の」

　包含実体としての「の」は，現代語では「から格・まで格」以外の格で使用できます。(「*強風が吹く<u>の</u>から行かない。」「*許可が出る<u>の</u>まで待っている。」の→Ø包)

Ø1格	彼女に会う<u>のØ1</u>は初めてだ。
が格	A社に入る<u>の</u>がいい。
に格	客が来た<u>の</u>に気がついた。
を格	稲妻が走る<u>の</u>を見た。
へ格	子どもたちが大玉を転がす<u>の</u>へ声援を送った。

問W4-20 包含実体の「の」が，が格，で格，と格，より格に立つ例を考えて。

- 65 -

W4.8「の」の拡張5段階の一覧表　　　「の[1]」～「の[5]」を一覧表の形で示します。

表W4-2　「の」の拡張5段階の一覧表

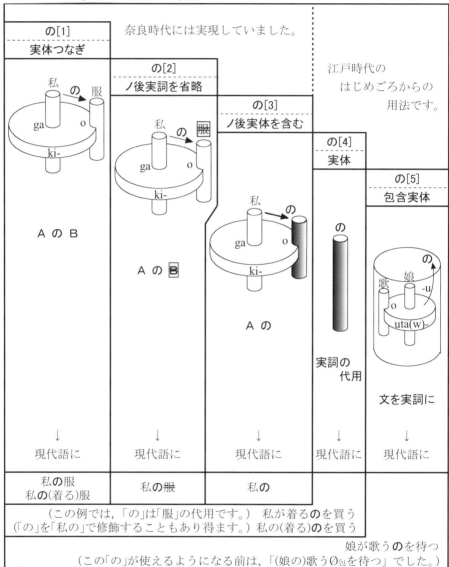

（この例では，「の」は「服」の代用です。）　私が着る**の**を買う
（「の」を「私の」で修飾することもあり得ます。）　私の(着る)**の**を買う

娘が歌う**の**を待つ
（この「の」が使えるようになる前は，「(娘の)歌う∅₍包₎を待つ」でした。）

「の[1]」については『日本語のしくみ(1)』の　p.18も参照してください。

W5章　「の」の9相

W5.1 Aへの B …… 表示できる格

　「AのB」を表現するとき，Aの立っている格を示して，たとえば「AへのB」としたほうが理解しやすいことがあります。
　「秋田のバス」よりは「秋田へのバス」のほうが理解しやすいでしょう。

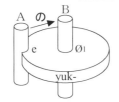 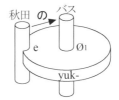

図W5-1　AのB／AへのB　　　図W5-2　秋田のバス／秋田へのバス

　なぜかといえば，「秋田のバス」では，「秋田」と「バス」の論理関係がどうなっているのか分かりにくいのですが，「秋田へのバス」なら，動詞が「行く」だろうと推測されて，その論理関係が把握しやすくなるからです。
　つまり，「A」の立っている**格を表現すれば，動詞が推測できるようになって，論理関係を理解しやすくなるわけです。**
　では，このことは**すべての格**についていえることでしょうか。

表W5-1　「格詞＋の」という表現での「格」表示のあり・なし

No.	格	格の意味	格詞	の	可否	表示	形式	例
①	$\emptyset_1$	文法的意味	$\emptyset_1$	の	―	格表示不可	A$\emptyset_1$のB	（私$\emptyset_1$の服）
②	が		が	の	×		*AがのB	*私がの服
③	を		を	の	×		*AをのB	*服をの私
④	に	語彙的広範的意味	に	の	×		*AにのB	*店にの車
⑤	へ	語彙的限定的意味	へ	の	○	格表示可能	AへのB	中国への旅行
⑥	で		で	の	○		AでのB	電話での話
⑦	と		と	の	○		AとのB	出席との返事
⑧	より		より	の	○		AよりのB	本社よりの連絡
⑨	から		から	の	○		AからのB	宇宙からの帰還
⑩	まで		まで	の	○		AまでのB	開始までの時間
⑪	$\emptyset_2$			の	―		A$\emptyset_2$のB	（明日$\emptyset_2$の会議）

　この表のように，「が格／を格／に格」には，上の下線を施した部分に述べたことは当てはまりません。「が／を／に」格の表示は不可能です。なぜでしょうか。
（　①「$\emptyset_1$」格と，⑪「$\emptyset_2$」格は，音形式がないので，この考察からはずします。）

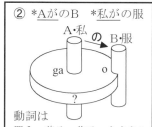
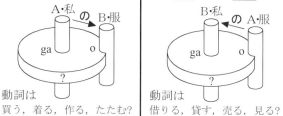
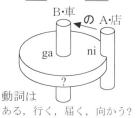

② *AがのB　*私がの服

動詞は
買う，着る，作る，たたむ?

③ *AをのB　*服をの私

動詞は
借りる，貸す，売る，見る?

④ *AにのB　*店にの車

動詞は
ある，行く，届く，向かう?

　「が」はAが主格にあることを，「を」はAが目的格にあることを示すだけです。「がの」「をの」と言わないのは，動詞を推測しにくく，論理関係を推測しにくいからです。
　（元来，主格・目的格の格詞は∅でした。）

　「に」は格の意味が多く，動詞が推測しにくいため，論理関係が把握しにくいので，「にの」と言いません。

　以下の⑤〜⑩の「へ・で・と・より・から・まで」の格は，格の意味が比較的限定されていて，動詞が何であるかを推測しやすいです。それで，「の」をつけて表層化できます。

⑤ AへのB　中国への旅行

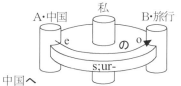

中国へ
そこへ移動することを表す動詞を推測

⑥ AでのB　電話での話

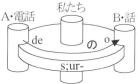

電話で
それを手段とすることを表す動詞を推測

⑦ AとのB　出席との返事

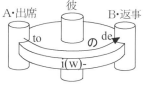

出席と　　　　　　　　（ほかにもあり）
それを内容とする引用を示す動詞を推測

⑧ AよりのB　本社よりの連絡

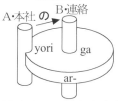

本社より
そこを起点とすることを表す動詞を推測

⑨ AからのB　宇宙からの帰還

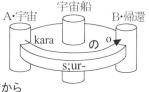

宇宙から
そこを起点とすることを表す動詞を推測

⑩ AまでのB　開始までの時間

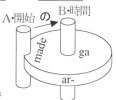

開始まで
それを期限とすることを表す動詞を推測

　前ページで，②「AがのB」，③「AをのB」，④「AにのB」とは言わないと書きました。言いたいときは次のように**異なる格を代用**します。③④②の順で説明します。

③ AをのB → AへのB

　「愛する」は構造では「愛(を)する」です。「愛」はもと中国語で，日本語にとっては外来語ですので，動詞ではなく名詞です。これは「勉強する」が「勉強(を)する」となっているのと同じです。

　「愛」は構造では実体(名詞)として，動詞「する s;ur- 」の o 格に立っています。

図W5-3　　　　　　　　　　　　　　　　　図W5-4

　　母が子どもを愛する／*子どもをの愛　→　　母が子どもへ愛を寄せる／子どもへの愛

　「母が子どもを愛する」では「*子どもをの愛」になりそうですが，「子どもへの愛」となります。前ページで見たように「をの」は使えないので，「**へ格**」を代用します。これで「愛」の向かう**方向を保つ**ことができます。

　ただし，もし，「を」を生かす(格を描写する)のであれば，「の」を使わないで，動詞「愛する」(を愛する)で「母」を修飾します。…… 子どもを愛する母　（下の**ⓑ**）

- -

　「を格」が方向性の弱い場合は，「へ格」を代用せずに，次のどちらかにします。

　　ⓐ格を描写しないで，「の」で実体を修飾する。

　　ⓑ格を描写して，「の」を使わないで，動詞で実体を修飾する。

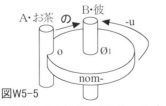

図W5-5

彼が<u>お茶を飲む</u>→<u>*お茶への彼</u>

ⓐお茶をの彼
ⓑお茶を nom-u 彼

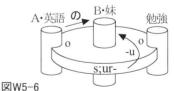

図W5-6

妹が<u>英語を勉強する</u>→<u>*英語への勉強</u>

ⓐ英語をの妹，英語をの勉強
ⓑ<u>英語を勉強 s;ur-u 妹</u>

問W5-1 「健康を祈る」が「健康への祈り」になることを説明してください。

④ AにのB → AへのB

「彼が<u>彼女に</u>手紙を書く。」からは「<u>*彼女にの</u>手紙」が出てきますが，「<u>にの</u>」とは言えないので，「<u>への</u>」を代用します……「<u>彼女への</u>手紙」。

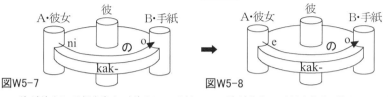

図W5-7　　　　　　　　　図W5-8

彼が<u>彼女に</u>手紙を書く／<u>*彼女にの</u>手紙　→　彼が<u>彼女へ</u>手紙を書く／<u>彼女への</u>手紙

これは，pp.32-33 で述べたように，「に」には多くの論理関係があり，想定される動詞が多いので（例：「彼女に 〈<u>来た</u>，<u>ある</u>，<u>書く</u>，<u>もらう</u>，<u>宛てる…</u>〉」），「にの」と言うと，論理関係が把握しにくいからです。（「がの」「をの」も同じ。）

「へ格」の「へ」なら，意味が限定的で，Aが「方向・着点」を表していることが明白なので，論理関係が理解しやすくなります。

「<u>Aにの</u>」では，意味が把握しにくく，「<u>Aへの</u>」では，意味が把握しやすいということになります。

ただし，もし，「に」を生かす(格を描写する)のであれば，「の」を使わないで，動詞「書く」(<u>に</u>書く)で「手紙」を修飾します。…… <u>彼女に書く</u>手紙　　（下の⑥）

- -

「に格」が方向性の弱い場合は，「へ格」を代用せずに，次のどちらかにします。
　　ⓐ格を描写しないで，「の」で実体を修飾する。
　　ⓑ格を描写して，「の」を使わないで，動詞で実体を修飾する。

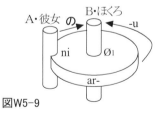

図W5-9

<u>彼女に</u>ほくろがある→<u>*彼女へ</u>のほくろ
　ⓐ<u>彼女に</u>のほくろ
　ⓑ<u>彼女に</u> ar-u ほくろ

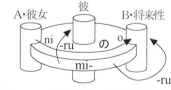

図W5-10 彼が<u>彼女に</u>将来性を見る
　　　　　→<u>*彼女への</u>将来性
　ⓐ<u>彼女に</u>の将来性
　ⓑ<u>彼女に</u> mi-ru 将来性
　<u>彼女に</u>将来性を mi-ru 彼

問W5-2 「大学に進学する」が「大学への進学」になることを説明してください。

② AがのB → AによるB　　　　　「発見する」は構造では「発見(を)する」です。

　一般に，Aが主格にあるときは，主格詞は∅1で「A∅1のB」とします。
　　　彼が新種を発見する。 → 彼の発見　（彼∅1の発見，*彼がの発見）
しかし，「彼の発見」では，「彼」が「を格」にある場合と同じになっています。
　　　(我々が) 彼を発見する。→ 彼の発見　（彼 ∅をの発見）

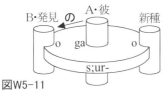

図W5-11

彼が新種を発見する→彼の発見

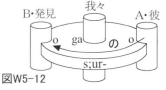

図W5-12

我々が彼を発見する→彼の発見

　それで，Aが主格にあることを示すためには，文を受身文の形にして，「Aにより」というように，Aがその受身文の動詞の主体であることを示すようにします。このとき，Aは「が格」ではなく，「に格」で表現できるようになります。格の代用です。

　　　彼が新種を発見する。
　　　　→ [受身文] 新種が 彼により 発見される。
　　　　→ 彼による発見　（「の」は使いません。連体機能は-u にあります。）

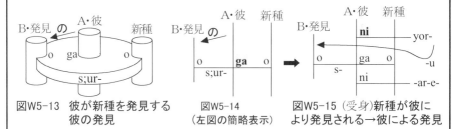

図W5-13　彼が新種を発見する　　図W5-14　　　図W5-15（受身）新種が彼に
　　　　　彼の発見　　　　　　　（左図の簡略表示）　　より発見される→彼による発見

　つまり，「AのB」のAが主格にあるときは，もとの文を受け身の形にして，Aを「に格」に置くことにより，「AによるB」「A-ni yor-u=B」と表現します。(格の代用)

- -

　図W5-15 の「AによるB」「A-ni yor-u=B」の yor- (因る) は動詞で，「 (A) に原因をもつ」を意味します。図の意味することは，「新種が，彼に原因をもち，発見される。」ということです。この図では，yor-u が実体「発見」を修飾しています。

問W5-3「彼の無視」より「彼による無視」のほうが誤解がないのはなぜ？
問W5-4「彼が彼女を説得する」を「～による～の説得」の形にしてください。

W5.3　「ので基」「のに基」　　　　　　　　　　　　『文法』37.2

「の・で」「の・に」

　包含実体「の」の**文法的意味**は，一定の構造を実体として使えるようにすることです。文を名詞にすることです。「の」には**語彙的意味**はありません。(W4.6参照)

　この「の」は，「で格」に置かれると順接を表す形「の・で」となり，「に格」に置かれると逆接を表す形「の・に」となります。

　「ので／のに」は「基」です（詞の一定の複合形式が一定の意味で使われます）。
　　　　　雨が降る**の・で**，家にいる。　（hur-u **の-de**）　　　のので基
　　　　　雨が降る**の・に**，山へ行く。　（hur-u **の-ni**）　　　のに基

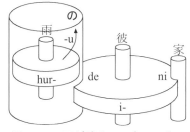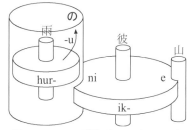

　　図W5-16　雨が降るので家にいる　　　　　図W5-17　雨が降るのに山へ行く

　「の・で」の de 格は「理由」を表し，「の・に」の ni 格は「逆接的な状況」を表します。
　国語文法では，「ので」「のに」を「接続助詞」としています。しかし，構造で見ると，「の」は「包含実体」で，「で／に」は格詞です。

「ため」

　「ため」も包含実体としての使い方がありますが，<u>「の」と異なり，そのものに「理由・目的」という意味があります</u>。
　　(7)　雨が降る**ため(・に)**，家にいる。
　　　　　（hur-u **ため-ni**）
　「ため」の場合は，「に格」表示をしないほうがふつうでしょうか。

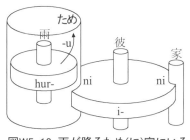

　　図W5-18　雨が降るため(に)家にいる

問W5-5　「のに」では，「に格」が逆接的な状況の気持ちを表していますか。
問W5-6　「試合するからには勝利をめざす。」の構造を示してください。

W5.4 「のだ基」「のです基」 『文法』37.1

「あした学校へ行く。」に「の」をつけると，「あした学校へ行く**の**。」となり，何か気持ちが付け加えられた文になります。なぜでしょうか。

ふつうの構造

次の構造をふつうの構造と考えることにします。
　　あした学校へ行く。

「の」の構造　　「の」は文を実体化するだけ。

これに「の」をつけると，こうなります。
　　あした学校へ行く**の**。

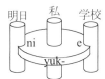

図W5-19　明日学校へ行く

すると，構造では，「明日学校へ行く」という構造が「ノ包含実体」の中に入ったことになり，<u>文が全体として実体(名詞)となり，新たな動詞の何らかの格に置かれる可能性を得た</u>ことになります。

この「の」のついた文を「の文」とします。

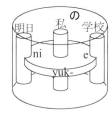

図W5-20　明日学校へ行く<u>の</u>

他の構造と関わる「の文」の構造　　「の」に語彙的意味はありません。

ここでは，上の「の文」が別の構造
　　私∅1，会合を休む
の「で格」に置かれたものと考えます。
　　あした学校へ行く**の** で
　　　　私∅1，会合を休む
つまり，「あした学校へ行く**の**。」という「の文」は，「会合を休む」ことの「理由」を表していることになります。

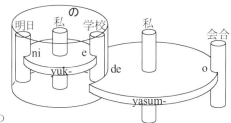

図W5-21　明日学校へ行く<u>の</u>で会合を休む

この「の文」は，「理由」のほかにいろいろなことを表すことができます。
　　[予定]　あした学校へ行くの（が，予定になっている。）
　　[結果]　あした学校へ行くの（が，思案のうえの結果となった。）
　　[決意]　あした学校へ行くの（が，私の決意。）
　　[自慢]　あした学校へ行くの（で，自分をほめてやりたい。）
　　[命令]　あした学校へ行くの（を，命じる。）
ほかにも，あとに省略された構造によっていろいろな気持ちの表出となります。

問W5-7　ある「の文」が，「原因」，「主張」，「実情」を表す例を考えてください。

「のだ基」「のです基」　　　　　　　「だ・です」の構造については S1.7 参照。

「の文」から「のだ」「のです」の文が作られます。

　　　　あした学校へ行くの ／だ・です。　　　　（……ん ／だ・です）

これは，次の文で（ ）内が表現されず，含蓄となったものと考えられます。

　　　　あした学校へ行くの（で 私Ø1，会合を休む）／だ・です。

これは，「うなぎ文」に似ていて，「だ・です」は文の体裁にするための「形式補充」と考えられます。「のだ・のです」はこの形で用いられる「基」になっています。

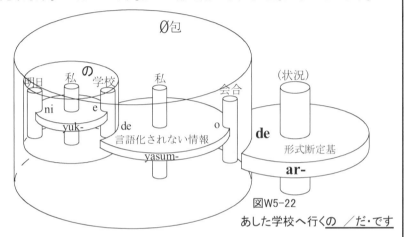

図W5-22
あした学校へ行くの ／だ・です

……の？　……のですか？

　「の文」形式は疑問文ともなります。

　（1）あした学校へ行くの？　（右図上）

　（2）あした学校へ行くのか？（右図上）

「理由」などであることを聞く気持ちを表して疑問文になっています。（左ページ参照）

　（1）は「の」を上げることにより，（2）は「か」の使用により，疑問の気持ちを表しています。

　次の疑問文とは，若干異なります。

　　　　あした学校へ行く／行きますか？（図省略）

「のです基」も「のですか」で疑問文となります。

　　　　あした学校へ行くのですか？　（右図下）

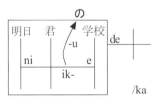

図W5-23 ……の？／のか？

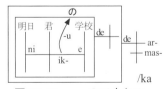

図W5-24 ……のですか？

問W5-8「彼は子どもが優勝したんだ。」の構造を示してください。

W5.5 「魚のおいしいの」の構造 　　　　　　　　『文法』37.3

　　　魚のおいしいのが食べたい。
という文の下線部の表現はどのような構造を持つのでしょうか。これは包含実体
ではなく，「AのB」の「A」が「魚」に，Bが「おいしいの」
になったものです。

　　　A の B　　　　　　　　［ 魚の （おいしい） の ］
　　　魚 の おいしいの　　　　　Aの　　　　　　　B

　まず，「Aの」に当たる「魚の」の部分を考えてみます。
　実体は「おいしいの」の「の」ですから，構造は
　　　のØ₁（は）魚である　　（図W5-25）（の[4]）
であると考えられ，ここから次の形が出てきます。
　　　魚（で）の　の　　（魚の の）　（図W5-25）（の[1]）

図W5-25 魚の

　次に，Bに当たる「おいしいの」の部分について考え
てみます。この「の」は，上述の実体であり，「の[4]」に
あたり，「魚」の代用となっています。これを「おいし
い」という形容詞が修飾しています。(p.59)　構造は
図W5-26のようになります。

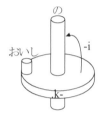

図W5-26 おいしいの

　この2つの構造を合わせればこうなります。
　　　魚のおいしいの　　　　（図W5-27）
なお，この構造からは次のような文も出てきます。
　　　魚であるおいしいの　　（図W5-27）
　　　魚でおいしいの　　　　（図W5-27）

　これで「魚のおいしいの」の構造が判明しました。

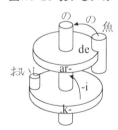

図W5-27 魚のおいしいの

　同様に考えれば，
　　　試験問題のむずかしいの
は右図のような構造になります。

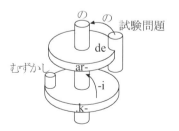

図W5-28 試験問題のむずかしいの

問W5-9 「学生の福岡から来たの」「ジャズのにぎやかなの」の構造は？

　　　　　　　　　　　『文法』37.4

　　　芸能人と結婚する**の**望みあり。
　この文は，文法上，「の」は必要なく，ふつうは次のように言います。
　　　芸能人と結婚する　望みあり。　（芸能人と結婚する　望みがあります。）
なぜ「の」を入れるのでしょうか。同様の例として次のようなものがあります。

　　　いにしえを懐かしむ**の**情　　　　あざむかざる**の**記
　　　その部屋に入る**の**瞬間　　　　カラオケに行く**の**巻

　これは漢文を学ぶ際に生じた用法だということです。(室町中期以後の発生)
　漢文にこういう表現があります。

　　　　終食**之**間　　（食事が終わるまでの間）

この表現の中の「之」は，日本語の文法では読む必要はありません。

　　　　食ヲ終フル間　　ショクヲ・ヲフル wohur-u・ヒマタ　　（-u が名詞修飾）

しかし，こう読むと，漢文に「之」の字があることを忘れてしまいます。それで

　　　　食ヲ終フル**之**間　　ショクヲ・ヲフル wohur-u・**ノ**・ヒマタ

と読むようになりました。日本語の文法としてはおかしいですが，こう読めば，
漢文中に「之」の字があることを忘れないので，漢文を間違いなく復元できます。

　では，これを構造上に示すときは，どう
すればよいでしょうか。

　　　芸能人と結婚する**の**望みあり。
「する**の**」の部分は「 s;ur-u の」です。-u は
連体機能をもつので，「望み」を修飾するに
は -u で十分です。ですが，「名詞つなぎの
の」を伴っていますので，<u>図示では，文法
的には余分な「の」を添える</u>ことにします。

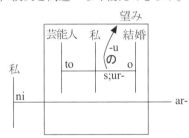

図W5-29　芸能人と結婚する<u>の</u>望みあり

　「カラオケに行く**の**巻」や，「壁に貼る**の**絵」の構造も下のように図示します。

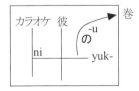

図W5-30　カラオケに行く<u>の</u>巻

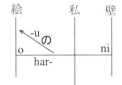

図W5-31　壁に貼る<u>の</u>絵

　漢文調にしたいときにこの「-(r)u の」を使います。文法的には違和感があります。

問W5-10「いにしえを懐かしむ**の**情，にわかに湧き起こりたり。」の構造は？

W5.7 「自由の女神」と「自由な女神」 『文法』37.6

自由の女神

「自由の女神」は「自由な女神」と同じ？

「自由の女神」で，「の」は「自由」と「女神」がある論理関係を持つことだけを示します。その論理関係は，両者を結びつける属性が何であるかで決まります。

女神は人間に自由を与える。（人間に自由を与える女神）　→　自由の女神
女神は自由を守る。（自由を守る女神）　→　自由の女神
女神は自由を好む／嫌う。（自由を好む／嫌う女神）　→　自由の女神
自由は女神を愛する／憎む。（女神を愛する／憎む自由）　→　自由の女神

以上は一例ですが，みな「自由の女神」が出てきます。

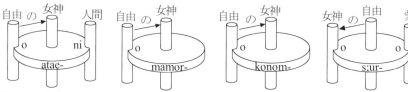

図W5-32 自由の女神　図W5-33 自由の女神　図W5-34 自由の女神　図W5-35 自由の女神

また，極端ですが，「女神∅1は自由がない。」からも「自由の女神」が出てきます。

女神∅1は自由がない。（自由がない女神）　→　自由の女神
女神∅1は自由がある。（自由がある女神）　→　自由の女神

図W5-36 自由の女神　　図W5-37 自由の女神

自由な女神

以上のように，「自由の女神」は，多様な論理関係から出てきます。一方，「自由な女神」のほうは，「女神が自由（状態）にある」の1つの論理関係からしか出てきません。

自由にある女神　（自由-ni ar-u 女神）

なお，「自由な女神」からも「自由の女神」は出てきます。

図W5-38
自由な(ni=ar-u)女神

問W5-11 「自由の女神」は，ふつうは上のどの構造ですか。
問W5-12 「静かな海」と「静かの海」は，同じことをいっていますか。

この花

「この」は「の」がついていますから，「こ・の」と分解できます。では，「こ」とは何でしょうか。……現在では「こ」だけでは使われませんが，奈良時代には「こ」だけで，自分側の「これ」「ここ」の意味でした。つまり，「この花」は「ここの花」であると考えられます。構造は下左図のようになります。

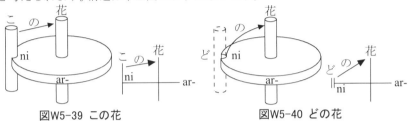

図W5-39　この花　　　　　　　　図W5-40　どの花

「そ・の」の「そ」は相手側を指しています。「あ・の」の「あ」は自分や相手から遠いところを指しています。「その花」「あの花」の構造は「この花」と同じと考えられます。（「あ a」の古形は「か ka」であったといわれています。）

「ど・の」の「ど」は，次の変化で生まれたようです。　構造図は上右図。

「いづく（「く」は場所を表す）」→「いづこ」→「いどこ」→「どこ」→「ど」

「ど」は「疑問実体」ですから，属性の格の部分に空所を作ります。W6.3[2]参照。

こんな花　　　　（「の」は関係ありませんが。）

「こんな花」を意味から推測して「このような花」の変化形だとすると，音声的に説明できません。「これなる花（これにある花）」なら説明できます。

kore-ni ar-u　花　　　（これにある・これなる花）
kon -n ar-u　花　　　（こんなる花）
kon -n a　花　　　（こんな花）

上の「r-母音-n」が「nn」になることはよくあることです。　例: tor-u na yo → tonna yo
　　wakar-ana-k-i → wakanna-k-i

「そんな／あんな／どんな」も同様に，「それなる／あれなる／どれなる」の構造と考えられます。

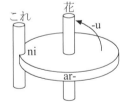

図W5-41　これなる花→こんな花

問W5-13　現代語では a-no のほうが普通ですが古語的な ka-no もあります。例は？
問W5-14　「r-母音-n」が「nn」になる例を挙げてください。

W5.9 強調構文の構造

『文法』37.5

強調構文とよばれる文には，2種類のものがあると考えられます。

① **強調構文Ａ……実体を強調**　(強調構文Bの簡略形式とも考えられます。)

② **強調構文Ｂ……格つき実体を強調**

この2種類について検討します。

① 強調構文Ａ……実体を強調

たとえば，こういう文があります。

彼がUFOを見た。(図W5-42)

この文の中の特に強調したい実詞(名詞)を取り出して，次のような形式にしたものが強調構文です。

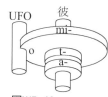

[「彼」を強調]　UFOを見た の は 彼だ。(図W5-43)

[「UFO」を強調]　彼が見た の は UFOだ。(図W5-44)

図W5-42

彼がUFOを見た

下図のような示し方になります。

「彼」を強調

図W5-43

UFOを見た の は 彼だ

「UFO」を強調

図W5-44

彼が見た の は UFOだ

強調構文Aの構造は，次のように作ります。

- 図W5-42 のような構造の中の強調したい実体をノ実体に置き換えます。
- そのノ実体を属性 ar- の主体とします。(図5-43,-44)
- 強調したい実体を ar-の de 格(同定格)に置きます。

なお，疑問文の場合，強調される実詞が初めに描写されることがあります。

[「彼」を強調]　彼？　UFO見たの(は)。　図W5-43

[「UFO」を強調]　UFO？　彼が見たの(は)。　図W5-44

問W5-15 「彼女が写真を撮った」と「写真を撮ったのは彼女だ」の構造は。

問W5-16 「白い靴を買う」と「買うのは白い靴だ」の構造を示してください。

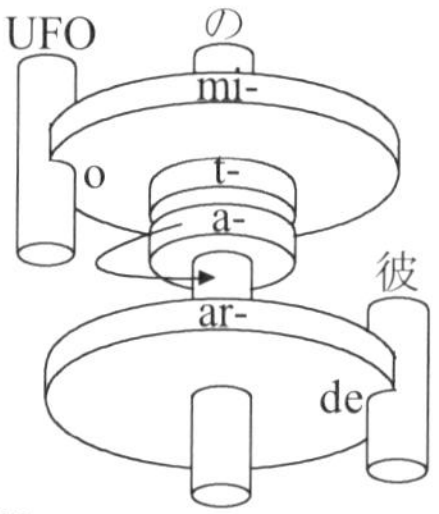

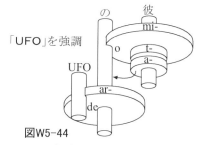

② 強調構文B……格つき実体を強調

　　　　彼がソウルから帰った。　　（図W5-45）
　　この文の「ソウル」を強調したい実体と決めて，
強調構文Aを作ると，こうなります。

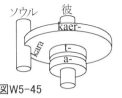

図W5-45
彼がソウルから帰った

　　　　彼が帰った　の　は　ソウルだ。
ところが，これは，ソウルへ帰ったことを意
味してしまいます。「帰る」という動詞を用いる
とき，「へ格」の方が「から格」より認識の優先度が高いからです。(pp.15-16)

　　　　彼が帰った　の　は　ソウル(から)　だ。　　……「から」　優先度が低い
　　　　彼が帰った　の　は　ソウル(へ)　だ。　　……「へ」　優先度が高い

　認識の優先度が低い格にある実体を強調するときは，格詞も一緒に表現する
必要があります。次の「ソウルから」のようにしたものが強調構文Bとなります。
　　　　彼が帰った　の　は　ソウルから　だ。
強調構文Bの構造は，次のように作ります。
　・図W5-45 のような構造を「の」と「∅包」の2つの包含実体に入れます(下図)。
　・包含実体「の」を動詞 ar- の主体とし，包含実体「∅包」を「de 格」に置きます。
ここから次の表現を導きます。
　・強調したい実体を「∅包」から，格つきで表現……ソウルから ∅包-de ar-
　・それを除いた部分を「のは」で表現……彼が kaer-i=t-∅=a-∅u のは

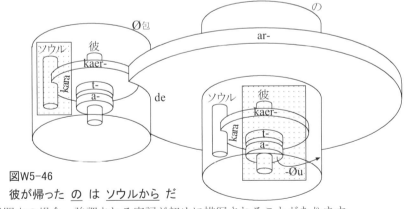

図W5-46
彼が帰った　の　は　ソウルから　だ
疑問文の場合，強調される実詞が初めに描写されることがあります。
　　　　ソウルから？　彼が帰ったの(は)。

問W5-17 「彼は3時に話す」「彼は3時まで話す」の「3時」を強調してください。
問W5-18 「彼は明日友人と飲む」の「明日」「友人」をそれぞれ強調してください。

<ruby>コラムW3</ruby>

国語文法は伝統芸能？

8c	9c	10c	11c	12c	13c	14c	15c	16c	17c	18c	19c	20c	21c
奈良	平安				鎌倉		室町			江戸		現代	

……素朴な言語認識……　　　　　　　　　　　　　語の類別　現代的
　　　　　　　　　　　　…歌の「てにをは」…　「てにをは」　文法研究
　　　　　　　　　　　　　　　　　　　　　　　活用　　　構造
　　　　　　　　　　　　　　　　　　　　語句の照応

現代的文法研究　　　今日私たちが国語文法と称しているような文法の研究は，江戸時代の諸研究をふまえて，明治時代から始まっています。明治時代以降，多くの文法家が出て，理論的研究をしてきました。その中から何人かの大文法家が出て，研究に大きな影響を与えました。

かな文法　　　しかし，その研究は江戸時代の研究をふまえていたので，いずれも「かな」を用いての研究でした。「かな」での研究では音素（a, k, s など）は単位とならず，拍（あ a, か ka, し si など）が単位となります。「読む」は yom-u と分析するのが正しいのですが，実際は「よ-む yo-mu」と分析され，「よ yo」が語幹で，「む mu」が「終止形語尾」であるとされます。すべての国語辞典がこのように扱っています。(私と同じくこれを恥ずかしいと思う日本人は何人いるのでしょうか。)

国語文法は素晴らしい文法？　　　すべての大文法家の学説は「かな」を用いているため，言語学とは異なる日本語独特の珍妙な文法になっていますが，国語学者は，日本語には言語学とは別の優れた国語文法があると錯覚し，信じきっています。(ただし，日本では，私の印象ですが，言語学者のほうも，競ってアメリカ等の新理論を導入しようとするばかりでした。その理論がどれほど日本の文法理論に貢献したのかは結果で知ることができます。)

記述のみで，説明はしない　　　現在のほとんどの国語研究者は，大文法家の学説を大事に守っています。その学説の枠内で，記述的に研究を行うばかりで，説明的な研究はしません。日本語が「どう」あるかの研究はしますが，「なぜ」そうあるかの研究はしません。できません。かなの「拍」が単位なので，自由度がないのです。

国語文法は伝統芸能？　　　「国語文法」は科学ではなく，いわば「伝統芸能」です。科学なら，法則を発見すべく，方法を考え，体系的知識を求めたはずです。そうではなく，伝統芸能だからこそ，師匠の芸を尊重し，芸を修正しても師匠の意趣を逸脱しないものとしました。家元を代々正統的に受け継ぎ，守ってこそ，立派な弟子なのです。自身も権威に守られ，権威を示すことができます。文法は科学であり，伝統芸能ではないはずなのに，研究者の意識は伝統芸能的です。

W6章　実体の分類Ⅰ（形式）

形式で分類

W6.1 実体は形式で分類すると8種類

A p.277

「**実体**」とは，右図の「彼」「学生」のような，構造上で「円柱」で示されるものです。描写されると「実詞」になります。

下表のように，構造上の円柱のあり方によって8種類に分類されます。それぞれの種類には「……実体」という名がついています。

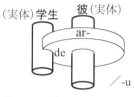

図W6-1　彼-$\varnothing_1$　学生-de ar-u
（実詞）（実詞）

表W6-1　実体の8種類の分類表

No.	実体名	実体説明，実詞名，実詞例	実体の構造上の形
実体[1]	普通実体 A～Fの 6種類がある	一般的な実体 普通実詞 海，顔，植物，船， 月，野球，人間	職人-ga 革-de 箱-o tukur-u.
実体[2]	疑問実体	属性の板に穴をあけ，疑問を表す実体 疑問実詞 なに，どれ，どこ，だれ， いつ，なぜ，いくら	あなた-$\varnothing_1$-wa なに-o nom-i=mas-u か.
実体[3]	不特定実体	[2]の穴を「か」で埋め，不特定を表す実体 不特定実詞 なにか，どれか，どこか， いつか，だれか	あなた-$\varnothing_1$-wa なにか-o nom-i=mas-u か.
実体[4]	円筒実体 実体内蔵実体	実体を内蔵する実体 円筒実詞 さ，み，げ，そう， らし，っぽ，まっ	長＋さ-ga 十分-d(e) a(r-u).

問W6-1 「[1]普通実体」のA～Fの実体とはどんなものですか。

「実体」は「名体」といってもよいものです。「実詞」は「名詞」ともいえます。

<table>
<tr>
<td>実体
[5]</td>
<td>転成実体
属性内蔵実体</td>
<td>
動詞・形容詞からできた実体　　包含実体の一種
転成実詞
動詞から
読み(yom-i=∅)，動き，怒り
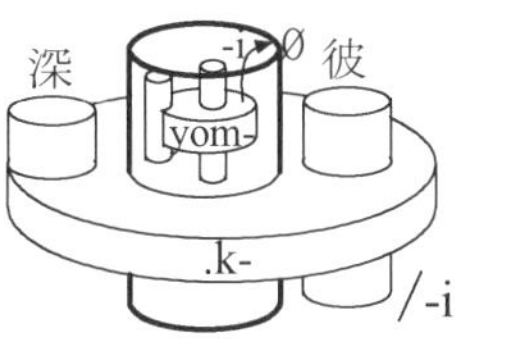

彼∅₁，<u>yom-i=∅</u>-ga 深い。
形容詞から
遠く(too.k-u=∅)，早く
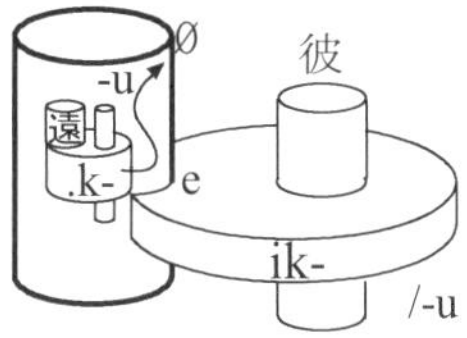

彼∅₁，<u>遠.k-u=∅</u>-e ik-u.
</td>
</tr>
<tr>
<td>実体
[6]</td>
<td>包含実体
構造内蔵実体</td>
<td>
構造を内蔵する実体
包含実詞
の，∅，こと，ところ，
もの，わけ，とき
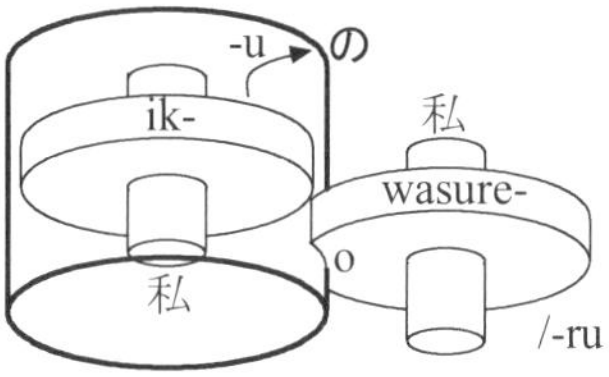

ik-u=<u>の</u>-o wasure-ru.
</td>
</tr>
<tr>
<td>実体
[7]</td>
<td>形容実体</td>
<td>
形容詞を構成する実体
形容実詞
美し，うれし，暑，若，遠
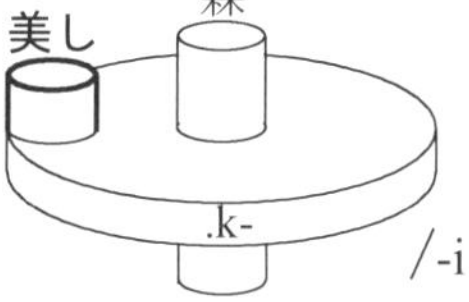

森-ga <u>美し</u>.k-i.
</td>
</tr>
<tr>
<td>実体
[8]</td>
<td>否定実体</td>
<td>
否定詞を構成する実体
否定実詞
(a)na
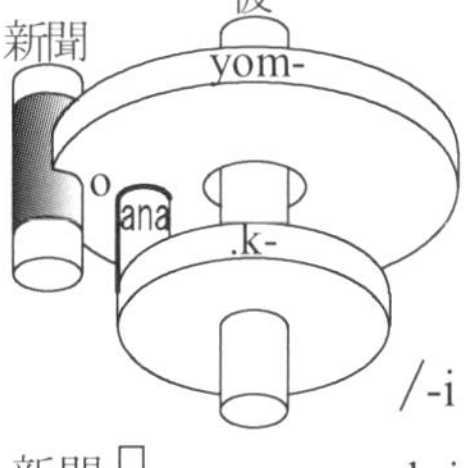

新聞-o-wa yom-<u>ana</u>.k-i.
</td>
</tr>
</table>

問W6-2 実体[5]は「属性内蔵実体」で，実体[6]は「構造内蔵実体」です。違いは何？
問W6-3「青」という実体は実体[1]の使い方と，実体[7]の使い方がありますか。

W6.2 実体[1] 普通実体　　ふつうの円柱で表す実体　　　　第6章

> **実体[1] 普通実体**　　　　　　　[1a] 主格・客格に立つ実体
> 　　格に立つあり方で分類すると，　[1b] 客格にしか立たない実体
> 　　右の3とおりになります。　　　[1c] 否定属性の客格にしか立たない実体

[1a] 主格・客格に立つ実体　　　普通実体A, B, C, D

　　実体(円柱)は，主格(∅₁,が)・客格(を,に,で等)で，属性と関わります。

　　客格で関わる場合は，図W6-4,5,6 のように中央に線を入れて示します。

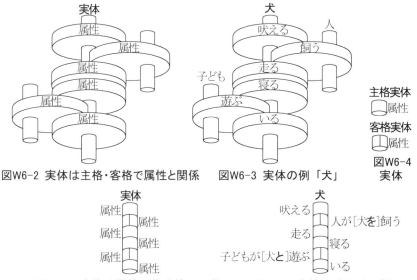

図W6-2 実体は主格・客格で属性と関係　　図W6-3 実体の例「犬」

図W6-4　実体

図W6-5 実体は属性の集合体…円柱　　　図W6-6 実体(円柱)の例「犬」

[1b] 客格実体　　　普通実体E

　　客格にしか立たない実体もあります。

　　たとえば，「静か」という実体は，ふつうニ格，デ格にしか立ちません。

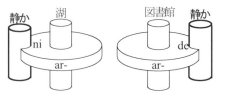

図W6-7 客格にしか立たない実体「静か」

　　静か
　　(湖が)静か-ni ar-u
　　(図書館が)静か-de ar-u

　　　静かな湖　　静か-ni ar-u 湖
　湖は静かになる　　静か-ni nar-u
　湖は静かである　　静か-de ar-u
　湖は静かだ　　　　静か-de ar-u

[1c] 否定属性の客格にしか立たない実体　　普通実体F

　　実体「とうてい(到底)」は，現代語では
否定属性の客格「∅2格」にしか立ちません。
　　彼-∅1は　とうてい-∅2 助からない
の構造は右図のような図示になります。
　　ほかの格には立たないので，「とうて
いが…」「とうていを…」「とうていで…」
などと言いません。

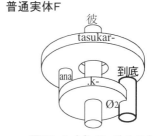

図W6-8　とうてい助からない

　　この「とうてい」のような実体は，否定属性の客格にしか立ちません。
（「とうてい助かる」とは言えませんので，「とうてい」は属性「助かる」に関わ
ってはいません。）

「[1]普通実体」にはA～Fの6種類があります。
　　　[1a]～[1c]のいずれかに属します。

A B C D	E	F
[1a] 主・客	[1b] 客	[1c] 否定

表W6-2　普通実体A～F（説明は次ページ）

実体 [1]	[1a]	普通実体A	意味安定実体	
			実詞A	海，顔，植物，船，月，野球，人間
				「海」の意味は話者・状況に関わりなく一定です。
		普通実体B	話者依存実体……話者により指す実体が異なる実体	
			実詞B	私，夫，母，自分，弟，いとこ
				「私」は発話者によって人が変わります。
		普通実体C	状況依存実体……状況により指す実体が異なる実体	
			実詞C	あなた，これ，ここ，いま，今日，今年
				「あなた」は目の前の人により変わります。
		普通実体D	代用実体……使用の際では必ず修飾される実体	
			実詞D	の
				「のを読んだ」では不足で，修飾が必要です。
	[1b]	普通実体E	格限定実体……立つ格が限定されている実体	
			実詞E	静か，にっこり，ひょっ，かすか，めった
				「静か」は，ふつう二格・デ格にしか立ちません。
	[1c]	普通実体F	否定限定格実体……否定属性の限定格で使用される実体	
			実詞F	とうてい，かいもく
				「とうてい」は「ない」の∅2格にしか立ちません。

問W6-4 「ひらひらと散る」を説明してください。
問W6-5 「山が美しいので写真に撮った」の「山」の格を説明してください。

[1] 普通実体A～普通実体F の6種類

実体[1] 普通実体A～普通実体Fの
それぞれについて説明(前ページ参照)。

[1] 普通実体A　意味安定実体　実詞A

この「普通実体A」は，主な意味がどの
個人辞書にも共通しているので，「意味
安定実体」とよべます。

右図の「職人」「革」「箱」がこの「普通実
体A」に当たります。

「普通実体A」は主格・客格のいろいろ
な格に立つことができます。

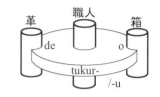

図W6-9　職人-ga 革-de 箱-o tukur-u.

[1] 普通実体B　話者依存実体　実詞B

「私・夫・母・自分」などの実体は，
話者により指す実体が異なります。

このような実体は話者が決まれば，
指す実体が決まりますので，「話者依存
実体」と名付けることができます。

「普通実体B」も主格・客格のいろいろ
な格に立つことができます。

ただし，「叔父は母の弟である」という
文で，「叔父」で具体的に指す人を考えず，
文を一般論としていうときは，「母」も「弟」も「叔父」も「普通実体A」になります。

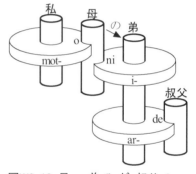

図W6-10　母 no 弟-Ø1が 叔父-de ar-u

[1] 普通実体C　状況依存実体　実詞C

「あなた・今日・ここ」などの実体は，
状況により指す実体が異なりますので，
「状況依存実体」と名付けられます。いろ
いろな格に立つことができます。

ただし，「日本語では，普通は目上の
人をあなたと呼ばない」のように，「あなた」で具体的に指す人がなく，文が一般
論であるときには，「あなた」等の普通実体Cも，「普通実体A」になります。

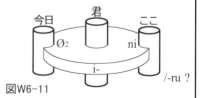

図W6-11

君-Ø1 今日-Ø2 ここ-ni i-ru ?

問W6-6 「奥さん元気？」「彼，奥さんいるの？ 独身？」の「奥さん」の違いは？
問W6-7 「来週は中国へ出張です。」の「来週」はどの普通実体ですか。

[1] 普通実体D　　代用実体　　実詞D

「普通実体D」は実体として独立した「の」です（本書p.58参照）。使用するときは何の代用か明らかにする必要があります。

右図の例では「彼が作る」が「の」を修飾しています。「の」は「料理」等の代用だということが分かります。

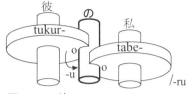

図W6-12　彼-ga tukur-u の-o tabe-ru

この「の」はいろいろな格に立つことができます。

[1] 普通実体E　　格限定実体　　実詞E

上に見た普通実体A～普通実体Dはいろいろな格に立つことができますが，この「普通実体E」は立つ格が限定されています。たとえば，顔の様子を表す実体「にっこり」は「と格」にしか立ちません。

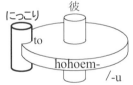
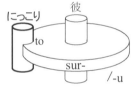

図W6-13　彼-Ø1 は にっこり(-to) hohoem-u　　　図W6-14　にっこり(-to) sur-u

「にっこり」は「と格」の1格にしか立ちませんが，p.86で見た「静か」は「に格」と「で格」の2格に立ちます。ほかに，3格，4格に立つ実体などもあります。

[1] 普通実体F　　否定属性限定格実体　　実詞F

この「普通実体F」は，否定属性の限定格にしか立ちません。たとえば，「皆目」です。

彼-ni-wa かいもく-Ø2 見当-ga tuk-ana.k-i の構造は右図のとおりです。

この構造で「かいもく(皆目)」は普通の属性「(見当が) tuk-」には関わらず，否定属性ana.k- の Ø2 格に立っています。これは，

　　　*かいもく-Ø2 見当-ga tuk-

と言えないことで確認できます。

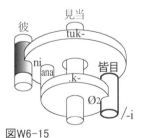

図W6-15

かいもく-Ø2 見当-ga tuk-ana.k-i

問W6-8　「成人式に着た<u>の</u>は母の<u>もの</u>です。」の「の」と「もの」の説明。
問W6-9　「この話は，<u>あながち</u>否定できる。」という文がおかしい理由は？

W6.3 実体[2] 疑問実体　　属性の板に穴をあけ，疑問を表す実体　　『文法』6.2

「疑問実体」は「なに」「どれ」「どこ」などの疑問を表す実体で，構造上では穴として表現します。穴ですから，埋めること(答えること)が期待されます。

　　　　また，穴ですから，「は」による「ふちどり」がしにくく，「なには好き？」とふつうは言いません。(ただし，疑問実体を**普通実体C**として，「お酒」をさすものとして使用する場合は「ナニ(=お酒)は好き？」のように「は」が使えます。)

　たとえば，「何が飛ぶ？」という構造は下左図で，ここには穴があいています。聞き手にはこの穴をふさぐことが期待されていますので，たとえば「鳥」という実体でふさぎます。……「鳥が飛ぶ」　すると，下右図のようになります。(第3主格)

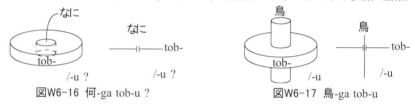

図W6-16 何-ga tob-u ?　　　　　　　　図W6-17 鳥-ga tob-u

「あなたは何を飲みますか？」の場合は，「なに」が客格の o格 にあります。穴としてあいた「なに」を「お茶」で埋めると「私はお茶を飲みます」となります。

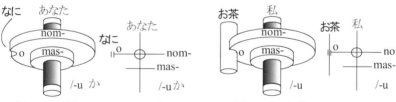

図W6-18 何-o nom-i=mas-u か　　　　図W6-19 お茶-o nom-i=mas-u

　疑問実体が敬語の「どなたが社長ですか」でも，下左図のようになります。
　下右図のように，過去の形「あれは何だった」にもなります。

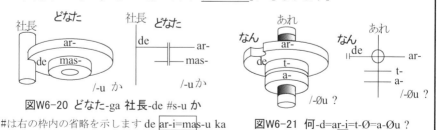

図W6-20 どなた-ga 社長-de #s-u か　　　　　　図W6-21 何-d=ar-i=t-Ø=a-Øu ?
#は右の枠内の省略を示します de ar-i=mas-u ka

問W6-10 疑問実詞「いつ」は，なぜ答えなければならないのですか。

W6.4 実体[3] 不特定実体 　「[2]疑問実体」の穴を「か」で埋め，不特定を表す実体

「[2]疑問実体」であいた穴を「か」で埋め，それで不特定であることを示します。

たとえば，[2]の疑問実体「なに」を使用して，「なにを飲みますか？」とした場合は，この「なに」が穴となり，疑問の的になります（下左図）。これが「か」によって埋められて「なにか」となると，「実体[3]不特定実体」になります（下右図）。

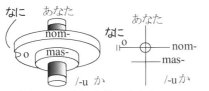

図W6-22 なにを飲みますか？　　　図W6-23 なにか(を)飲みますか？

「実体[3]不特定実体」では，**第1の関心事**を表示するのは動詞です。「不特定実体」から「か」を除いた，「実体[2]疑問実体」にあたる部分が表示しているのは，**第2の関心事**で，副次的なもの，不特定なものとなります。

たとえば，「なにか(を)飲みますか」の場合，関心事の第1は動詞の表すことで，「飲むか，飲まないか」です。「なに」を飲むかは，副次的な関心事となります。

なお，下の例で見るように，描写の際（ことばで表現するとき）には，多くの場合，格詞は省略されます。

「実体[2] 疑問実体」とは異なり，**「は」が使いやすくなります。**というのも，上右図のように，穴が埋められ，普通実体に準じた実体になるので，「ふちどり」がしやすくなるからです（S1.5参照）。

なにか(を)飲む　なにか(を)は飲む　　　だれか(が)いる　だれか(ガ)はいる
図W6-24　　　　　　　　　　　　　図W6-25

なにか(を)飲むでしょう。	→	なにか(を)は飲むでしょう。
だれか(が)いるよ。	→	だれか(ガ)はいるよ。
どこか(へ)行きたい。。	→	どこか(へ)は行きたい。
いつか(∅2)できるでしょう。	→	いつか(∅2)はできるでしょう。

問W6-11 「いつ」と「いつか」の違いについて説明してください。
問W6-12 「いつもいる」の「いつも」の構造は「いつか」と似ていますか。

W6.5 実体[4] 円筒実体 　　　実体を内蔵する実体

「円筒実体」には，「さ，み，げ，そう，らし，っぽ，まっ」などがあります。

「さ，み」は普通実体Aを作ります。「長さ」「深み」という実体は，「長い naga.k-i」「深い huka.k-i」という形容詞の形容実体「長 naga」「深 huka」を含んで実体となっています。「長さ naga+sa」「深み huka+mi」と表記しますが，記号の＋は実体どうしを結びつける「複合手」を表します。（第4修飾，Up.4参照）

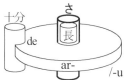
図W6-26 長＋さ-ga 十分-d(e) a(r-u)

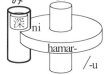
図W6-27 深＋み-ni hamar-u

「げ，そう」は「で格，に格」にしか立たない「普通実体E」を作ります。

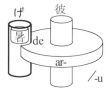
図W6-28 暑＋げ-d(e) a(r-u)

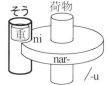
図W6-29 重＋そう-n(i n)a(r-u)

「らし，っぽ」は「男らし.k-i」，「男っぽ.k-i」のように，形容実体を作ります。形容実体については「[7]形容実体」(p.96) を参照してください。

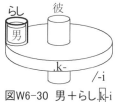
図W6-30 男＋らし.k-i

図W6-31 男＋っぽ.k-i

「まっ」は「まっ赤」のように，普通実体E（ないし普通実体A）を作ります。

ただし，「微妙意味付加詞」の「まっ」もありま（まっ白い）。答U2-20を参照してください。

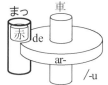
図W6-32 車-Ø1-は まっ＋赤-d(e) a(r-u)

問W6-13 「苦みが効いている」の「苦み niga+mi」について説明してください。

W6.6 実体[5] 転成実体　　動詞・形容詞からできた実体　　包含実体の一種

「転成実体」というのは，動詞あるいは形容詞が実体になったものです。

例：　　　動詞 yom-(読む)　→　yom-i=∅ （読み）　　読み が深い
　　　　　形容詞 too.k-(遠い)　→　too.k-u=∅ (遠く)　　遠く へ行く

　動詞・形容詞が包含実体 ∅ の中に入って，中から包含実体を修飾します。修飾に使う<u>実体修飾第2描写詞</u>は，動詞の場合が -i で，形容詞の場合が -u です。

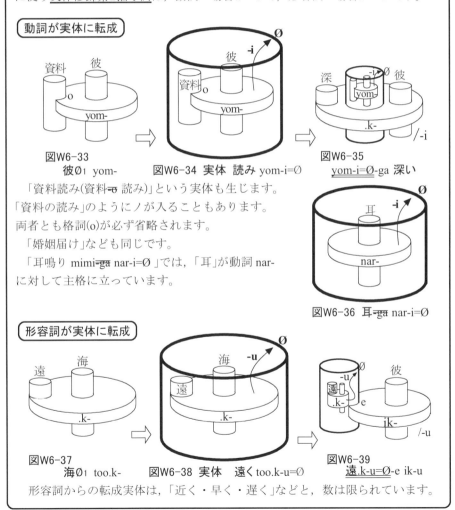

動詞が実体に転成

図W6-33
彼∅₁ yom-

図W6-34 実体 読み yom-i=∅

図W6-35
<u>yom-i=∅</u>-ga 深い

「資料読み(資料~~o~~ 読み)」という実体も生じます。
「資料の読み」のようにノが入ることもあります。
両者とも格詞(o)が必ず省略されます。
「婚姻届け」なども同じです。
「耳鳴り mimi~~ga~~ nar-i=∅ 」では，「耳」が動詞 nar-
に対して主格に立っています。

図W6-36 耳~~ga~~ nar-i=∅

形容詞が実体に転成

図W6-37
海∅₁ too.k-

図W6-38 実体　遠く too.k-u=∅

図W6-39
<u>遠.k-u=∅</u>-e ik-u

　形容詞からの転成実体は，「近く・早く・遅く」などと，数は限られています。

問W6-14「月見が丘」「遠くの親類より近くの他人」の構造を示してください。

W6.7 実体[6] 包含実体　　構造内蔵実体（包含実体∅は「∅包」とも）『文法』6.3～6.7

「包含実体」はある構造を内蔵し，それを実体(名詞)として扱えるようにします。

意味のない包含実体

包含実体「の／∅」に語彙的意味はなく，文法的意味(実体化の機能)があります。

下左図は，「私が行く」という構造を包含実体「の」が実体化して，動詞「忘れる」の「を格」に置いています。……**実体化すれば，他の属性の，ある格に置けます。**

下右図は，「私が行く」という構造を包含実体「∅」が実体化して，動詞「かかる」の「に格」に置いています。（「∅」は「∅包」と表示することもあります。）

両方とも ik- は -u で「の」「∅」を修飾していますが，この -u は実体修飾第1描写詞(名詞修飾詞)です。（場合により実体修飾第2描写詞-i による修飾もあります。）

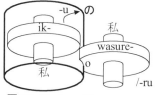

図W6-40　ik-u=<u>の</u>-o wasure-ru

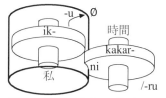

図W6-41　私が ik-u=<u>∅</u>-ni-wa
waの図示は省略

意味のある包含実体

「こと」や「ため」「結果」「そう」などにはもともと語彙的意味があります。包含実体としての使い方では，その意味において，ある構造を実体化します(下左図)。

このとき，この実体は，属性(話す)とは直接の格関係がありません(下右図)。

　　　(彼に私が)話す**こと**を私が考える

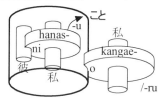

図W6-42　「こと」は構造を実体化

図W6-43　？ことを話す
「こと」は hanas-と格関係がない

「(話す)こと」の意味は，「(話す)内容」と「(話す)行為」のどちらもあります。

意味を持つ包含実体は，ほかにもたくさんあります。

問W6-15「雨が<u>降る</u>そうです」「雨が<u>降り</u>そうです」の下線部を説明してください。
問W6-16「ここで辛い<u>の</u>を食べた<u>の</u>を覚えている」の2つの「の」の違いは？

　次の文の下線部でも，「ため」は motenas- と格関係がありません。「ため」は構造を実体化しています。「ため」の意味は，この場合，「目的」です。

<u>(彼が)</u>客をもてなす<u>ため</u>に準備する

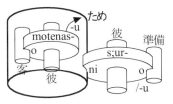

図W6-44 「ため」は構造を実体化

図W6-45 ？ためにもてなす
「ため」は motenas- と格関係がない

　次の文の下線部でも，「まえ」は hur- と格関係がありません。「まえ」は構造を実体化しています。「まえ」のこの場合の意味は「時間的に以前」です。

<u>(雨が)</u>降る<u>まえ</u>に私は帰る

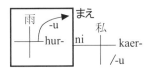

図W6-46 「まえ」は構造を実体化

図W6-47 　？まえに降る
「まえ」は hur- と格関係がない

意味のある包含実体のいくつかの例

[結果]

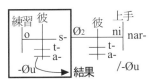

図W6-48 練習した結果∅2上手になった

[そう]

図W6-49 雨が降るそうです

[もの]

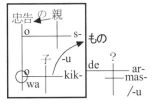

図W6-50 親の忠告は聞くものです
この「です」は形式的なものなので，
主体は特定できません。

[原因]

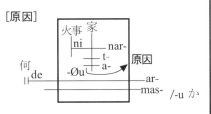

図W6-51 火事になった原因は何ですか

問W6-17 「彼が来た<u>理由</u>を教えて」の「理由」を説明してください。

- 95 -

W6.8 実体[7] 形容実体   形容詞を構成する実体   第8章, U全体

　「形容実体」は，たとえば「美し」のように .k- の構造とともに形容属性を形成して，「美し.k-」となります。実体なので，「美しの森」のように，「の」でほかの実体とつなぐことのできる形容実体もあります。

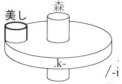
図W6-52 森-ga 美し.k-i.

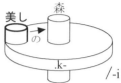
図W6-53 美しの森

　「形容実体」にはさまざまなものがあります。詳しくは『日本語のしくみ(3)』で扱っていますので，そちらを参照してください。

W6.9 実体[8] 否定実体   否定属性(否定詞)を構成する実体   第26章

　「否定実体」は「読まない yom-ana.k-i 」や「食べない tabe-na.k-i 」のように，動詞の否定属性を作るときに使われる「実体 (a)na 」です。形は上の「形容実体」に似ていますが，動詞に接していることや，「*新聞を読まなの彼」「*肉を食べなの彼」のように「ノつなぎ」ができないことが異なります。(□ は発音しないことを表します。)

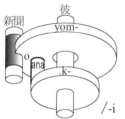
図W6-54 新聞-o-wa yom-ana.k-i

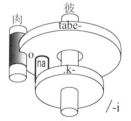
図W6-55 肉-o-wa tabe-na.k-i

「.k-」は，うしろに -a, -u, -e がくるときは発音されます。

```
yom-ana.k-i              tabe-na.k-i
yom-ana.k-u=ar-oo        tabe-na.k-u=ar-oo
yom-ana.k-u=te-Ø         tabe-na.k-u=te-Ø
yom-ana.k-ereba          tabe-na.k-ereba
```
　　　　　この .k-ereba の構造は，.k-i=Ø包-Ø1=ar-eba かもしれません。

　なお，**形容詞の否定**は，この動詞用の否定属性ではなく，na.k- という別の形容詞が行います。　　美しく　ない　　utukusi.k-u na.k-i　　　(U6.2参照)

W7章　実体の分類Ⅱ（肯否）

肯否への関わり方で分類

この章では，動詞の程度・様態等を表す実体を，
　　　　肯定・否定との関わり方で分類します。
　　　　　　　　原則を示すため，微妙な例をできるだけ避けました。

W7.1 肯定・否定1・否定2

・「肯定」「否定1」「否定2」の3者の違いを示します。
・下記の「程度」には「様態」も含みます。
・構造図示では「は」を省略します。

表W7-1 肯定と否定　　　　　　　　　　　　　　　　　　　　　　　　第34章

肯定	・動属性と主体の関係が成立することを表します。 　(1) 彼∅₁は，歌を歌う。 ・客体が動詞の程度を表す場合は，その程度において成立します。 　(2) 彼∅₁は，はっきり(と)言う。　（「と」の発音は任意です。） 　(3) 彼∅₁は，あまりに働く(ので，……)。　（「に」はふつう発音します。）  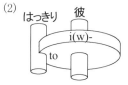 
否定1	・動属性と主体の関係が成立しないことを表します。 　(4) 彼∅₁は，歌を歌わない。 ・客体が動詞の程度を表す場合は，その程度に達しないことを表します。 　(5) 彼∅₁は，はっきり(と)言わない。　（「と」の発音は任意です。） 　(6) 彼∅₁は，あまりに働かない。　（「に」は発音しません。） 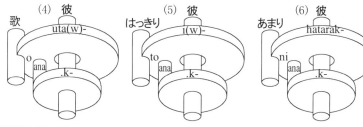
否定2	・動属性と主体の関係が成立しません。客体がその程度を表します。 　×(7) 彼∅₁は，歌を歌わない。　（「歌」は程度を表しません。(4)参照。） 　(8) 彼∅₁は，絶対(に)言わない。　（「に」の発音は任意です。） 　(9) 彼∅₁は，あまりに働かない。　（「に」は必ず発音します。） 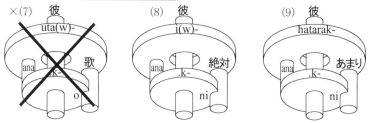

W7.2　格を表示する・しない

・実体が動詞の程度・様態を表す場合，「に(ni 格)」
や「と(to 格)」は表示・非表示の両方があります。

以下に示すのは典型例で，実際の使用では異なることもあります。

表W7-2　格表示の有無

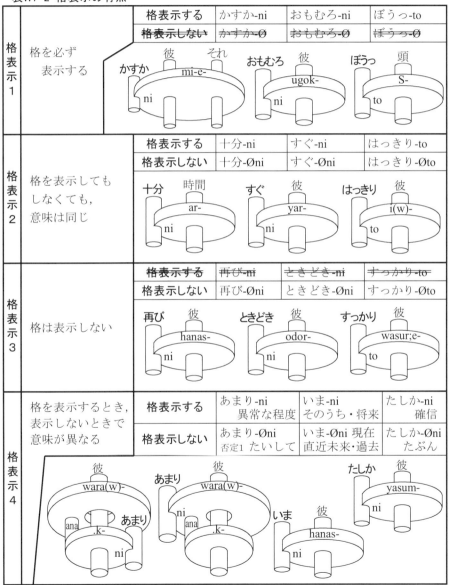

格表示1	格を必ず表示する	格表示する	かすか-ni	おもむろ-ni	ぼうっ-to
		~~格表示しない~~	~~かすか-Ø~~	~~おもむろ-Ø~~	~~ぼうっ-Ø~~
格表示2	格を表示してもしなくても，意味は同じ	格表示する	十分-ni	すぐ-ni	はっきり-to
		格表示しない	十分-Øni	すぐ-Øni	はっきり-Øto
格表示3	格は表示しない	~~格表示する~~	~~再び-ni~~	~~ときどき-ni~~	~~すっかり-to~~
		格表示しない	再び-Øni	ときどき-Øni	すっかり-Øto
格表示4	格を表示するとき，表示しないときで意味が異なる	格表示する	あまり-ni 異常な程度	いま-ni そのうち・将来	たしか-ni 確信
		格表示しない	あまり-Øni 否定1 たいして	いま-Øni 現在 直近未来・過去	たしか-Øni たぶん

| W7.3　肯定・否定との関係…5種類の客体 | 第34章 |

[1] A型客体～E型客体　　・ここでの実体は動詞の程度・様態を表す客体として ni 格，to 格，de 格，Ø2 格に存在します。

　動詞の程度・様態を表す客体を，肯定・否定との関係で分類すると，A型客体～E型客体の5種類になります。表中○表示の部分は右ページに構造を示します。

表W7-3　客体を肯定・否定との関わりで5つに分類　（現在の使用法）

肯定・否定 \ 客体の型			A型客体 かすか	B型客体 はっきり	C型客体 完全	D型客体 絶対	E型客体 とうてい
肯否1	客体が動属性の客体	肯定	○	○	○	○	×
肯否2		否定1	×	○	○	×	×
肯否3	客体が否定属性の客体	否定2	×	×	○	○	○

否定2種類　p.98参照

　否定1は，[客体が動属性に関わって肯定しているの]を否定します。
　否定2は，客体が否定属性に直接に関わって否定します。

[8種類の型があるはず]　　計算では，8種類の型があるはずです。

　　　$2×2×2＝8$　　　　　　　$(○,×)×(○,×)×(○,×)＝8$

　ところが，上の表にあるのは，A型客体～E型客体の5種類だけです。ここにない型は，次のF，G，H型です。これらがないことで，次のことが分かります。

表W7-4　F型客体，G型客体，H型客体はない　　それでわかること

F型客体　××|×	肯定・否定のいずれにも使用しない客体は存在しない。
G型客体　×○|× H型客体　×○|○	動属性の客体は，肯定使用がなければ，否定1の使用ができない。(仮説です。今後見つかるかもしれません。)

問W7-1「かすかに見えない」と言うでしょうか。上の表のどこに当たりますか。
問W7-2「はっきり分かる」「絶対分かる」を否定にしたときの違いは何ですか。
問W7-3「とうてい」という語は，肯否3で使うのですか。

[2] A型客体～E型客体の構造　　左ページの○表示部分の構造を示します。

表W7-5　A型客体～E型客体の構造　（現在の使用法）

	A型客体	B型客体	C型客体	D型客体	E型客体
	かすか	はっきり	完全	絶対	とうてい
肯否1／肯定	かすか-ni 見える（彼・それ・mi;e-・ni・かすか）			絶対-(ni) 飲む（酒・彼・nom-・絶対・o・ni）	×
		はっきり-(to) 分かる（彼・それ・wak;ar-・to・はっきり）	完全-ni 分かる（彼・それ・wak;ar-・ni・完全）		
肯否2／否定1	×	はっきり-(to)分からない（彼・それ・wak;ar-・to・ana.k-・はっきり）	完全-ni 分からない（彼・それ・wak;ar-・ni・ana.k-・完全）	×	×
肯否3／否定2	×	×	完全-ni 分からない（彼・それ・wak;ar-・ana.k-・ni・完全）	絶対-(ni)飲まない（酒・彼・nom-・o・ana.k-・ni・絶対）	とうてい-Ø2 分からない（彼・それ・wak;ar-・ana.k-・Ø2・とうてい）

次ページから，A型客体～E型客体について説明します。

問W7-4 「完全に分かる」を否定すると，2つの意味になりますか。

W7.4 A型客体　　　A型客体の例は「かすか」です。　　　　　34.4

・A型客体「かすか」は肯定でしか使いません。

・「かすか」の意味は「わずかに感じとれるようす」です。

・動属性の ni 格に立ちます。「かすか ni 」として使い, ni は必ず発音します。

表W7-6　A型客体の肯・否使用

肯定・否定 型		A型客体 かすか
1 動属性 の客体	肯定	○
2	否定1	×
3 否定属性 の客体	否定2	×

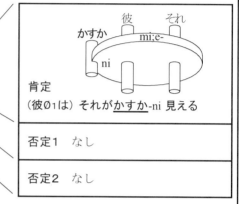

肯定
（彼∅1は）それがかすか-ni 見える

否定1　なし

否定2　なし

肯定の例文

(1)（彼∅1は）それがかすか-ni 見える。
　　（「見える」の構造はページ最下の図を参照。）

(2)（私には）かすか-ni 花火の音が聞こえる。

(3) かすか-ni 香水の匂いがする。

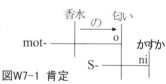

図W7-1　肯定
かすか-ni 香水の匂いがする

否定では使いません。

(4) *かすか-ni 見えない。……意味が分かりません。

　　相対描写詞「も」をつければ, 否定もできます。(5) かすか-ni も見えない。
　　異なる要素が加わりますので,「は」「も」等の相対描写詞は考察の対象としません。

A型客体の例　（「－だ, －です」〈de 格〉での使用法を除きます。）

[ni 格に立つ]　おもむろ(に)　ささやか(に)　ただち(に)　ほのか(に)

[to 格に立つ]　一段(と)　うすうす(と)　うっすら(と)　ほんのり(と)

[∅2 格に立つ]　あらかた(∅2)　いささか(∅2)　すっかり(∅2)　せっかく(∅2)

　「見える mi;e-ru 」の,　態を明示した構造図は右図のようになります。見る主体(彼)が ni 格で表示されています。上の立体図は mi-と -e-が一体化して新動詞 mi;e-（二重主語）となったものです。（「聞こえる kik;o;e-ru 」はVのp.90参照）

図W7-2

彼-ni かすか-ni それ-ga mi;e-

W7.5 B型客体　　B型客体の例は「はっきり」です。（一般の名詞も）　　34.4

・B型客体「はっきり」は肯定と否定1で使います。

・否定1は，［客体が動属性に関わって肯定している］のを否定するものです。

・「はっきり」の意味は「確かで，明らかなようす」です。

・「はっきり」は動属性の to 格に立ちますが，to は発音しないこともあります。

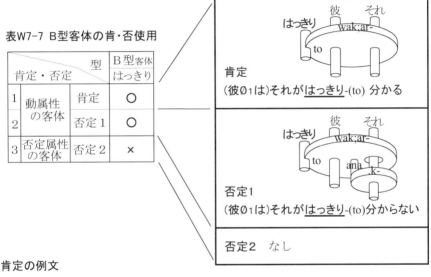

表W7-7　B型客体の肯・否使用

肯定・否定		型	B型客体 はっきり
1	動属性 の客体	肯定	○
2		否定1	○
3	否定属性 の客体	否定2	×

肯定
（彼∅1は）それが<u>はっきり</u>-(to) 分かる

否定1
（彼∅1は）それが<u>はっきり</u>-(to)分からない

否定2　なし

肯定の例文

(1) （彼∅1は）それが<u>はっきり</u>-(to) 分かる。（「分かる」の構造はVのp.61を参照。）

(2) 事情が<u>はっきり</u>-(to) する。

　　（参考1）息子が<u>新聞</u>-(o) 読む。（一般の名詞もB型）

否定1の例文

(3) （彼∅1は）それが<u>はっきり</u>-(to) 分からない。

(4) 事情が<u>はっきり</u>-(to) しない。

　　（参考2）息子が<u>新聞</u>-(o) 読まない。

　　（参考3）友人が<u>学校</u>-(e/ni) 行かない。

図W7-3　否定1

（参考）**息子が<u>新聞</u>-(o)読まない**

B型客体の例　　（「－だ，－です」〈de 格〉での使用法を除きます。）

　　［ni 格に立つ］　あからさま(に)　おまけ(に)　十分(に)　すぐ(に)

　　［(ni 格) de 格に立つ］　あと(に，で)　必死(に，で)

　　［to 格に立つ］　うっとり(と)　長々(と)　ぼうっ(と)　ゆらゆら(と)

　　（参考）［いろいろな格に立つ］　新聞，学校，私……等，一般的な客体です。

W7.6 C型客体　　　C型客体の例は「完全」です。　　　34.3

・C型客体「完全」は肯定と，否定の1，2で使います。
・否定1は，[客体が動属性に関わって肯定している]のを否定するものです。
・否定2は，客体が否定属性に直接に関わる否定です。
・「完全」の意味は「必要条件がすべて満たされていること」です。
・「完全」はni格に立ちます。niは必ず発音します。

表W7-8 C型客体の肯・否使用

肯定・否定		型	C型客体 完全
1	動属性 の客体	肯定	○
2		否定1	○
3	否定属性 の客体	否定2	○

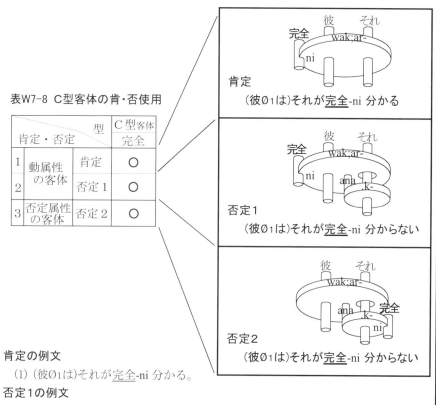

肯定
（彼∅1は）それが完全-ni 分かる

否定1
（彼∅1は）それが完全-ni 分からない

否定2
（彼∅1は）それが完全-ni 分からない

肯定の例文
　(1) （彼∅1は）それが完全-ni 分かる。
否定1の例文
　(2) （彼∅1は）それが完全-ni 分からない。(≒80%は分かる。)
　(3) （彼∅1は）まだそれが完全-ni(は)分からない。(≒80%は分かる。)
否定2の例文
　(4) （彼∅1は）それが完全-ni 分からない。(≒まったく分からない。)
C型客体の実体の例　（「－だ，－です」〈de格〉での使用法を除きます。）
　[ni格に立つ] 完璧(に)　あまり(に)……否定1では「に」省略

W7.7 D型客体　　　　D型客体の例は「絶対」です。　　　　　34.2

・D型客体「絶対」は肯定と否定2で使います。
・否定2は，客体が否定属性に直接に関わる否定です。
・「絶対」の意味は「どんな場合でもその事が必ず成立すると断定するようす」です。
・「絶対」は動属性の ni 格に立ちます。ni は発音しないこともあります。

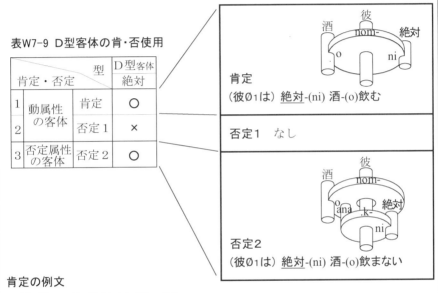

表W7-9　D型客体の肯・否使用

肯定・否定		型	D型客体 絶対
1	動属性 の客体	肯定	○
2		否定1	×
3	否定属性 の客体	否定2	○

肯定
（彼∅1は）絶対-(ni) 酒-(o)飲む

否定1　なし

否定2
（彼∅1は）絶対-(ni) 酒-(o)飲まない

肯定の例文
　(1) （彼∅1は）絶対-(ni) 酒-o 飲む。
　(2) 絶対-(ni) 彼が勝つ。

否定2の例文
　(3) （彼∅1は）絶対-(ni) 酒-o 飲まない。
　(4) 絶対-(ni) 彼∅1は　勝たない。

D型客体の例　（「－だ，－です」〈de 格〉での使用法を除きます。）
　[ni 格に立つ]　すで(に)　つい(に)　常(に)　本当(に)　まれ(に)
　[∅2 格に立つ]　ぜんぜん(∅2)(俗語的用法を含める)　まだ(∅2)　もちろん(∅2)
　　　「∅2 格」については次ページ下部参照。

問W7-5「幸い」「いささか」「とわ」「すぐ」「めった」の格表示と肯否はどの型ですか。
問W7-6「全員来ない」や「全員に会わない」の場合はどう考えればいいですか。
問W7-7「さほど」はG型客体(p.100)ではないですか。
問W7-8「∅1 格」と「∅2 格」の違いは何ですか。

W7.8 E型客体 E型客体の例は「とうてい」です。

- E型客体「とうてい」は否定2でしか使いません。
- 否定2は，客体が否定属性に直接に関わる否定です。
- 「とうてい」の意味は「どうやってみてもできないようす」です。
- 「とうてい」は否定属性の Ø2格(下記参照)に立ちます。

表W7-10 E型客体の肯・否使用

肯定・否定		型	E型客体 とうてい
1	動属性 の客体	肯定	×
2		否定1	×
3	否定属性 の客体	否定2	○

肯定	なし
否定1	なし

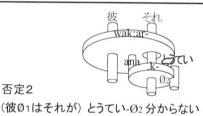

否定2
(彼Ø1はそれが) とうてい-Ø2 分からない

否定2の例文

(1) (彼Ø1はそれが) <u>とうてい</u>-Ø2 分からない。

(2) 彼Ø1はロシア語が<u>ぜんぜん</u>-Ø2 読めない。
   (俗語的用法を除く)

(3) それØoは<u>あながち</u>-ni 否定できない。

図W7-4 否定2

[ni 格に立つ]　あながち(に)　一概(に)　一向(に)

[Ø2 格に立つ]　かいもく(Ø2)　ぜんぜん(Ø2)(俗語的用法を除く)

「Ø2格」とは

　実体は属性と格で結びつきます。

　　　彼Ø1(主格)，コーヒーを(目的格)飲む。

しかし，「とうてい」などのように，主格・目的
格以外でありながら，音声で表現されない格も
あります。<u>格があることは確かですが，音声で
表現できない格を「Ø2格」で表します。</u>

　　　彼Ø1，それ<s>が</s>はとうてい Ø2 分からない。

図W7-5 Ø2 格

コラムW4

「もっと右」の構造……「もっと」は「右」を修飾？

　「もっと右」と言えば，「それをもっと右に移しなさい。」の意味でしょう。その意味を表す構造全体を相手に伝えるために，構造の一部をことばで表現しているわけです。（下左図。動詞は「寄せる」「動かす」等の可能性もあります。）

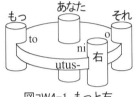

　　　　図コW4-1　もっと右　　　　　　　　　図コW4-2　少し右

　「少し右」と聞けば，「それを少し右に移しなさい。」だと判断します（上右図）。
　この捉え方が正しいとすれば，「もっ-to」や「少し-Ø₂」は，「右」ではなく，動詞の「移す utus-」を修飾していることになります。（参考:「右に少し移しなさい。」）
　「もう少し右」と言うこともあります。それで気になるのは，「もう」や「もっ」というのは何であるのかということです。……これは古語辞典などから，万葉集の時代の「今，いま」であったものであることが分かります。

$$いま\text{-}Ø_2 \rightarrow ま\text{-}Ø_2 \rightarrow もう\text{-}Ø_2 \rightarrow も\text{-}Ø_2 \rightarrow もっ\text{-}to$$
$$ima\text{-}Ø_2 \rightarrow ma\text{-}Ø_2 \rightarrow mau/moo\text{-}Ø_2 \rightarrow mo\text{-}Ø_2 \rightarrow mot\text{-}to$$

　「いま少し右」ということであれば，次のような構造になるはずです（下左図）。

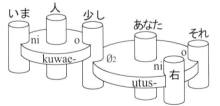
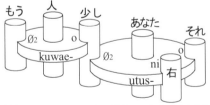

　図コW4-3　いま少し右，[いまに加える少し]右　　図コW4-4　もう少し右，[もう-Ø₂ 加える少し]右

　「いま少し」というのは「いまに少しを加える」「いまに加える少し」という構造を持つでしょう（「いま」は「いまの状態」の意味）。次の例も同様に考えられます。

　　　いま一度，いま一層，いま一息，いま一つ，いま2日

　ところで，「もっと右に」とは言いますが，「*もう右に」とは言いません。このことから，どちらも元は「いま」であっても，「もっ-to」の構造は図コW4-1となり，「もう-Ø₂」の構造は図コW4-4となっていることが分かります。

問W7-9「もっとたくさん」の「もっと」は「たくさん」を修飾していますか。

2.7

コラムW5

「副詞」とはどういうものか

　国語文法には「副詞」とよばれる品詞があります。「副詞」は，構造で見るとき，どういう形として存在するのか，ここに示したいと思います。

　「副詞」とは，国語学によれば，<u>自立語で活用がなく，主語・述語にならない語で，主に用言を修飾する</u>ものですが，<u>他の副詞，名詞を修飾するものもあります。</u>3つに分類されることがあるので，これに従います。

情態副詞　　　　あとの語の意味を，動作・状態において詳しく説明する。

- (1)　富士山が<u>はっきり</u>見えた。　　（「はっきりと」でもよい。）
- (2)　鳥が<u>しきりに</u>さえずる。　　（「しきり」とは言わない。）
- (3)　風が<u>そよそよ</u>と吹く。　　（「そよそよ」でもよい。）

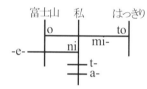
図コW5-1　はっきり(と)見えた

図コW5-2　しきりにさえずる

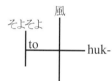
図コW5-3　そよそよ(と)吹く

　「情態副詞」とは，多くは1つの格にしか立たない実体で，普通実体Eです。格詞が省略される場合とされない場合があります。普通実体Eには擬音語・擬態語も含まれますが，これは to 格にしか立たないものと，ni 格にも立つものがあります。

程度副詞　　　　あとの語の意味を，程度において限定する。

- (4)　今年の夏は<u>たいそう</u>暑い。　　（「たいそう」は「大層」。）
- (5)　<u>もっと</u>ゆっくり歩け。　　（他の副詞を修飾？）（「ゆっくりと」は可能。）
- (6)　<u>ずっと</u>昔のことだ。　　（名詞を修飾？）

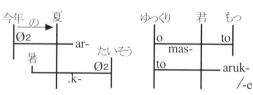
図コW5-4　たいそう暑い　　　図コW5-5　もっとゆっくり

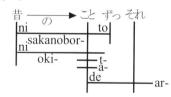
図コW5-6　ずっと昔のことだ

問W7-10　国文法で，他の副詞や名詞を修飾する場合もあるというのはどの副詞？

「程度副詞」は，(4)のような，普通実体Eのうち程度を表すものです。

　また，(5)のような，他の副詞を修飾するように見える「もっと」のようなものもあります……「もっと　ゆっくり」。「ゆっくり」は to 格にしか立たない普通実体Eです。「もっと」の「も」は「いま」に由来し(p.107参照)，「と」は to 格詞です。ということは，「もっ to［動詞(連体形)］ゆっくり」のように，間に動詞があるはずです。この動詞として，他動詞の「増す」を考えました……「もっ to 増すゆっくり」。その「ゆっくり」が aruk- の to 格にあると考えます。構造図をご覧ください。

　(6)の「ずっと」は名詞を修飾しているように見えます……「ずっと　昔」。しかし，「ずっと」の「ず(一)」は推移を表す擬態語で，これが to 格に立っています。つまり，普通実体Eです。ということは，「ずっ to［動詞(連体形)］昔」のように，間に動詞があるはずです。……この動詞として「さかのぼる」が考えられます。「ずっ to さかのぼる昔」。その「昔」が oki- の ni 格にあるわけです。構造図をご覧ください。

　すなわち，他の副詞や名詞を修飾しているように見える「副詞」でも，構造で見ると「普通実体E」であることが分かります。

［陳述副詞］　　否定・仮定・推量など，文末の言い方を決める。

(7)　［否定］　決して他人に言わない。　　　　（「決」は外来語，つまり名詞。）

(8)　［仮定］　万一雨が降れば，中止します。（「万一にも」とも言う。）

(9)　［推量］　たぶん晴れるだろう。　　　　（「多分」はØ2格に。）

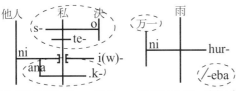

図コW5-7　決して……ない　　　　図コW5-8　万一降れば

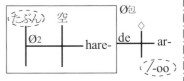

図コW5-9　多分……だろう

　「陳述副詞」は文末の言い方を決めるので，副詞と文末が呼応します。（これを「副詞の呼応」といいます。）「陳述副詞」の例を挙げておきます。

［肯定］必ず　　　［否定］決して，ちっとも　　　　［推量］おそらく，たぶん

［疑問］なぜ，どうして　　　［希望］ぜひ，どうか　　　　［比況］まるで，さも

［仮定］万一，たとえ(……ても)　　　　［禁止］みだりに，断じて

［反語］どうして，なんで　　　［否定推量］まさか(……まい)，とても(……まい)

　「副詞」は，表層文法では立てると便利ですが，構造上では，普通実体E, Fの, A型客体～E型客体の5つの型や，動詞のテ形などであるということになります。

問W7-11　構造の上には「副詞」とよばれる要素はあるのですか。

コラムW6

身体と表現 － 構造と表現

身体で感情表現をする　人間は身体の各部分を駆使して感情を表現します。うれしいときには顔の表情でそれを示しますし，日光浴で気持ちのよいときには両手を広げて息を大きく吸ったりします。

身体存在は感情表現とは無関係　では，その感情の表現に使う身体の各部分そのものは，もとから感情を表すものなのでしょうか。……人が寝ているとき，顔，首，肩，両手，腹，両足等は何らかの感情表現をしているでしょうか。寝ている人を見ると，ふつうは眠っているということが分かるだけで，何かを表現しているとは感じません。身体の各部分はもともと感情を表すものではないようです。

身体は固有の物理的法則を持つ　身体には人間の感情とは関係なく，身体のしくみ，物理的法則があるようです。骨格は人間の感情とは関係なく存在します。また，興奮すると血圧が上がる，などのように，感情が直接身体に作用する場合などは，身体の固有の物理的法則が表れたものと考えられます。

人間は身体の物理的法則に従う　人間はその物理的法則に従うしかありません。たとえば，目は，開閉はできますが，顔の表面上を自由に移動させることはできません。人差し指は内側には曲がりますが，外側に曲げることはできません。両手は胸の前では手のひらを合わせることはできますが，背中の肩甲骨のそばで手の甲どうしを合わせることはできません。たとえ，創作ダンスなどで，その動作である思いを表現したいと切望しても，できないことはできません。

　人間は，人間の思いとは関わりのない，身体の物理的法則に従っています。しかし，従っていることも忘れて，動きの可能な範囲内で，身体で気持ちを表現します。

判断や言語も固有の法則を持つ　言語もこれと同じです。人間は自由にいろいろな判断や，言語による表現をしますが，それは，人間の判断と言語の法則のもとでの，法則に従った自由です。

判断は構造を持つ　人間の判断を支えるのは，構造です。この構造は本文法のいう構造で，実体と属性が格で結びついています。構造を形成する法則は，身体の物理的法則と同じように，人間の思いとは関わりなく存在します。

構造は数学のよう　数学には人間の要望とは関係なく，厳とした法則があります。それだからこそ，数学は信頼できるものとして存在します。人間の判断も同じ性質を持っており，人間の意図とは関わりなく形式が成立しています。主格実体を立て，これを属性と結びつける。人間はこの判断形式からのがれられません。

　この判断形式と言語表現の関係を構造伝達文法は解明しようとしています。

質問の解答例

各章にある問題の解答例を示します。

W1章　構造形成に働く5つの力　　解答例

答W1-1　単なる構造の再現で表現したいことが伝わる場合もあります。たとえば，「彼は大学生だ。」という発話は，構造が再現できれば，一応意味は伝わります。

しかし，この発話の前に「彼は毎日朝から晩までよく働いてくれる。」という発話があれば，「彼は大学生だ。」という発話は，逆接的で，彼について心配していることの表現になっているのかもしれません。

一つひとつの発話は，構造が正しく再現できれば，正確に意味が伝わります。しかし，表現したいことはそれだけでは伝わらないことがあります。ある表現の正確な理解のためには，前後の発話や，個人百科事典に書いてあることなどから総合的に判断する必要があります。

答W1-2　**市販の百科事典**には，ある語句・表現・事象等を理解するための学術的に妥当な情報が網羅的に載っています。それは編集された時点での情報の集積で，次に出版されるまでは改変されません。

その情報の一部は個人百科事典に取り入れられます。また，市販の百科事典は同一のものが多数作られます。

個人百科事典には，ある語句・表現・事象等を理解するために必要な，その個人が経験上習得した情報が載っています。学術的に妥当なものばかりとは限りません。極めて個性的で，同じ個人百科事典を持つ人はほかにいません。年齢とともに，また経験とともに内容が日々更新され，増加していきます。忘れて消える情報もあります。

答W1-3　私たちの**個人百科事典**には，実にさまざまな情報が蓄えられています。

「頭がいい」という表現は，構造により事象は伝わりますが，個人百科事典にある情報に照らし合わせてみると，それが発話されるとき，その発話は，その「頭」を持つ人に対する「褒める」行為であることもあると理解されます。また，ある個人百科事典には，褒める行為が，ある場合には皮肉になることもあるという情報が載っています。…そのような情報は，個人百科事典には人生の経験とともに蓄積されるので，幼い人の個人百科事典にはまだ記載されていないかもしれません。

ここでの解答としては，簡単に，個人百科事典にその関係の情報があるから，ということにしておきます。

W2章 格　　解答例

答W2-1　同じものではありません。本文法では，「格」を「実体と属性の論理関係」と捉えています。これに対して，国語文法では「名詞類が文の中で他の語に対して持つ関係」と捉えています。

　　この2つの捉え方の大きな違いは，次の(1)と(2)の2つにあります。

(1)「の」の扱い　……本文法では「の」は格ではありませんが，国語文法の定義では「の」は格です。たとえば，「夏目漱石の本」というとき，「の」は，本文法では「実体つなぎ描写詞」ですが，国語文法では「格助詞」です。

(2) 主格の「Ø1格」，客格の「Ø2格」……　本文法に認識のある主格の「Ø1格」，客格の「Ø2格」が，国語文法では捉えられていません。

答W2-2　構造は，実体と属性と「格」で形成されます。「格」の機能は，実体を論理で属性と結び付けることです。いわば，実体と属性の接着剤です。

答W2-3　実体が何の格にもない，ということは実体と属性の間に何の論理関係もないということを意味します。これは，構造が形成されている以上は，ありえません。構造があれば，それの一部である実体は，必ず何らかの格に立っているはずです。

答W2-4　必ず主格と目的格に立つ実体があります。

答W2-5　他動詞があれば，<u>主格と目的格の実体は必ず存在します</u>。これが違いです。……文ではまず実詞が<u>主語，目的語であると優先的に推測されます</u>ので，次の例文は変な文だと感じます。

　　　　例：「車，サラダ食べる。」　　?「車がサラダを食べる。」

この2つの実体は，実は次の格なのです。

　　　　「車で，サラダから食べる。」

答W2-6　まず主格を推測します。「運転者(Ø1は)見た」「運転者(が)見た」

　　ただし，主格が「私」のように決まっていて，これが省略されていると考えれば，上はなく，目的格を推測します。「運転者(を)見た」

　　それも既に決まっているとすれば，いろいろな格を推測します。

　　「運転者(に)見た」　「運転者(と)見た」　「運転者(から)見た」

答W2-7　「つかまえた警官」…ふつう「警官がつかまえた」と理解されますので，「警官」は「が格」に優先性があります。「**つかまえた男**」…「男」と表現されるのはふつう犯人であるとの補助的な情報がありますから，構造は「男をつかまえた」であるはずで，「男」は「を格」に優先性があります。

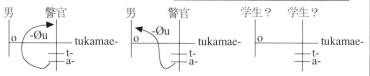

男　　　警官　　　　　　男　　　警官　　　　学生？　学生？

「つかまえた学生」の場合は，状況が分からなければ，「学生」が「が格」「を格」のどちらの格にあるかについての可能性は等しいです。この場合，「が格」「を格」の格の優先性は言いにくいです。

答W2-8　「歩く」は「歩く」動作の表象だけで基本的表象が完成する自動詞ですから，目的語は不要です。つまり，「夜道」は目的語ではありません。

答W2-9　**格**は実体と属性の論理関係ですから，日本語固有のものではなく，人類に共通する認識の基本です。私たちは実詞（名詞）を属性詞（動詞・形容詞 等）とどのような論理関係で認識しているのでしょうか。その論理関係の数を，今は，仮に 1000 としておきましょう。(いつの日にか精確に十分に捉えられることになるでしょう。)

　理想的に言えば，この 1000 の格関係を 1000 の別々の格詞で表現すれば，誤解なく伝達が行えます。しかし，これは記憶に負担をかけます。現実には 10 前後の格詞で，1000 の格関係を表します。ということは，1つの格詞が 100 の似た格を担うことになります。つまり，少数の格詞が多数の異なる格を表すので，「同名格」が生じるわけです。

答W2-10　ある国語辞書での格詞（国語文法では「格助詞」）の「で」の項では 11 の種類に分類しています。

　①動作・作用の行われる場所　　②動作・作用の行われる場面

　③手段　　④道具　　⑤材料　　⑥原因　　⑦根拠

　⑧動作の様態　　⑨範囲　　⑨母集合　　⑩期限　　⑪限度

　さまざまな格が「で格」で表示されています。つまり，これによれば，「で格」で表示される「同名格」は 11 のものがあるといえます。

　しかし，今後研究が進めば，分類の基準がより普遍性の高い精細なものになり，分類肢も増えるだろうと考えられます。

W3章　格表示の歴史　　解答例

答W3-1　　目的格を表す格詞はもともと「Ø」でした。それで、現代語なら「水を飲む」というところを「水Ø飲む」と言いました。ただし、現代語でも特に話し言葉では、古語のように「水Ø飲む」と言うことも多いです。

[古語]　　　　　　　　　　　　　　　[現代語]

答W3-2　　いいえ。「を」は、元来、「間投描写詞」（国語文法のいう「間投助詞」）でした。それでいろいろなところに使用されました。他動詞の目的語の後に置かれた「を」が、目的語を表す「を」となりました。

答W3-3　　いいえ。他動詞の目的語の後に置かれた「間投描写詞」（国語文法の「間投助詞」）「を」は目的格を表すようになりましたが、目的語以外の名詞の後に置かれた「を」は目的格を表すようにはなりませんでした。

答W3-4　　「を」が「間投描写詞」（国語学の間投助詞）であって、構造上の格関係とは関係なく、語調を整えたり、感動を表したりするために、構造のいろいろな部分に入ったことを言おうとしています。

答W3-5　　はい、あります。古語では従属節の主格が「Øを」の形になる場合があり、このときあたかも「を」が主格を表しているようにみえました。この「Ø」は従属節の主格を表しており、「を」は間投描写詞でした。
　　　　①乙女らØを袖振る山　　②都Øを遠み　　③妹Øを憎くあらば
現代語にすれば、「Øを」は「が」になります。
　　　　①'乙女らが袖振る山　　②'都が遠いので　　③'妹が憎いならば

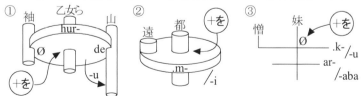

答W3-6　　いいえ。主格を表す格詞はもと「Ø」でした。実体つなぎ描写詞から生じた主格詞「が」が使われるようになったのは、鎌倉時代ごろでした。

答W3-7　「薬を飲む人」の「を」は他動詞「飲む」の目的語を示していますが，「空を泳ぐ鯉のぼり」の「を」は目的語を示すものではなく，「泳ぐ」という事象の実現する場を表しています。「泳ぐ」は自動詞ですから目的語はありません。

答W3-8　構造を描いてみれば，この2つの「に」の異同がはっきりします。

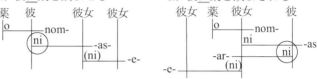

(1) 彼に薬を飲ませる　　　　(2) 彼に薬を飲まされる

　(1)の「に」は「飲む」の動作主(被使役者)を示していますが，(2)の「に」は原因者(使役や指示をするという動作主の一種)を示しています。

答W3-9　移動性動作が話者のいる地点から遠く離れた目標・方角へ向かう意を示していました。

答W3-10　「へ」が 答W3-9 のように，非常に限定的な意味で使用されたのに対し，「に」は pp.32-33 に見るように，多くの意味で使用されました。

答W3-11　「へ」は移動性動作の帰着点を示しますので，表象の中に移動性が感じられない動詞は使いにくいです。「ある」という動詞には移動性が感じられません。「置く」なら移動性が感じられます。「ここへ置く」

答W3-12　「家にして」という表現が「家にいて，家にありて」という意味を持つので，「する」という動詞が「ある」という意味を持つものと考えられます。すると，「いい匂いがする」というのは「いい匂いがある」と解釈でき，「今にして思えば」は「今にありて思えば」の意味となります。同様に，「彼にしてみれば」は「彼にありてみれば」，「四十にして惑わず」は「四十にありて惑わず」と言い換えられます。

答W3-13　格詞「で」のおおもとは「にして」で，意味は「にありて」です。つまり，「で」の中には既に存在の意味があります。それで，存在を表す動詞を使うと意味が重複してしまうのです。

にして	-ni=si-∅=te-∅
にて	-ni= =te-∅
んて	-n = =te-∅
で	=de-∅

答W3-14　「にして」は短縮されて「で」という便利な新格詞になりました。この「にして」は「格詞＋動詞テ形」の形をしています。「に」のほかにこのようなことはあったでしょうか。　　　　　　　　　　　　『文法』11.5 ⑥

格詞	て	格詞になったか
が	て	「が来て」等，間の動詞の可能性が膨大で，意味決まらず。
を	て	「を見て」等，間の動詞の可能性が膨大で，意味決まらず。
に	て	「にして」…古語の時代に動詞が決まり，後に「で」となる。
へ	て	「京へ行って」…帰着点が決まるが，「にて」で代用可能。
で	て	「で」そのものが「にて」から生まれたもの。
と	て	「と言っ／思って」が口語格詞「って」を生む。
より	て	「京より来て」……起点が決まるが，必要性・頻度が低い。
から	て	「京から来て」……起点が決まるが，必要性・頻度が低い。
まで	て	「京まで行って」…帰着点が決まるが，「にて」で代用可能。

　「にて」は新格詞「で」となり，「とて」は「と」の口語格詞「って」となりました。ほかの格詞ではこのようなことはありませんでした。

答W3-15　(1)「私∅1は妻と1病魔と2戦う」
　　　(2)「私と3妻が病魔と2戦う」
の3つの「と1,2,3」は異なります。「と1」と「と2」は格詞で，実詞と動詞「戦う」の論理関係を示します。「と1」は「共同動作者」を，「と2」は「動作の相手」を表します。「と3」は「(同格実体)列挙詞」(Sp.28)です。

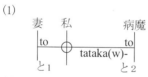

　(1) 私∅1は妻と1病魔と2戦う　　　(2) 私と3妻が病魔と2戦う

答W3-16　「駅へと向かう」の「へ」は目的地を示す格詞，「と」は引用を示す格詞ですから，構造は「駅へ行こうと思って(駅へ)向かう」でしょう。

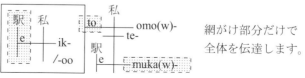

網がけ部分だけで全体を伝達します。

　「これは彼にと持ってきた。」の「にと」も同様に考えられます。

（答W3-17）　「(っ)つう(t)tu(w)-u」は「という」という「格＋動詞」から生まれました。動詞として下の活用表で検討してみます。④，⑧は不可能ですが，他は個人によって判断は異なるものの，一応可能でしょう。仮に発話してしまったとしても日本語母国を疑われることはないでしょう。

「(っ)つう(t)tu(w)-u」は，**口語動詞**といえるでしょう。

付加形態素の機能		付加形態素 語幹(t)tu(w)-	付加形態素の名称	表現例	
構造の形を変えない	文を終止する	① -u	基本(終止)描写詞	やるっつうよ。	(t)tu-u
		② -e / -ro	命令描写詞	やるっつえよ。	(t)tu-e
		③ -oo	意志・推量描写詞	やるっつおう。	(t)tu-oo
	主文を続ける	④ -i	中止描写詞	*やるっつい,	*(t)tu-i
		⑤ -eba	条件描写詞	やるっつえば,	(t)tu-eba
	他属性や実体と関連づける	⑥ -i	他属性連続描写詞	やるっつった。	(t)tu-i
		⑦ -u	実体修飾第1描写詞	やるっつう話だ。	(t)tu-u
		⑧ -i	実体修飾第2描写詞	*やるっつい人	*(t)tu-i
構造に付加する	否定する	⑨ -ana.k-	否定詞	やるっつわない。	(t)tuw-ana.k-
	態を構成する	⑩ -as-	原因態詞	やるっつわせる。	(t)tuw-as-e-
		⑪ -ar-	受影態詞	やるっつわれた。	(t)tuw-ar-e-
		⑫ -e-	許容態詞	やるっつえるね。	(t)tu-e-

（答W3-18）　「ながら」は「のから」にさかのぼります。この「から」は当該の「自然のなりゆき」の意味です。（詳しくは『文法』の42.1参照）

ここでは「お茶を飲みながら話をする」の構造を示します。下左図は語源に即した構造です。現代語としては，便宜的に「ながら」の部分を包含実体とみて，下右図のようにしてもよいでしょう。

nom-i=∅包=no=kara-∅ni　　お茶を飲む自然のなりゆきで，話をする

nom-i=nagara-∅ni

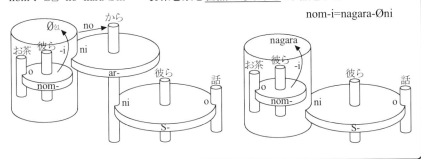

答W3-19 　「A室がB室より広い」という例で，「B室」を省略できます。「A室がより広い」「より広いA室」。つまり，基準となる実体の描写を省略できます。ただし，自然さは場合によって異なります。
　「より格」だけが，その格に立っている実体の描写を省略できます。

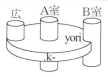 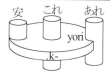

答W3-20 　事象そのものは同じですが，気持ち(表現)が異なります。「駅へ歩く」は「駅に向かって歩く」という気持ちが強く，「駅まで歩く」は「駅に着く前は継続的に歩く」という気持ちが強くあります。この「まで」は①の格詞です。

答W3-21 　どちらの「まで」も，③の包含実体です。これが，「来るまで」では「∅₂格」に立ち，「彼がくるまでに」では「に格」に立っています。

彼が来るまで∅₂待つ　　　　　**彼が来るまでに電話がある**

　事象の時間的関係は次のようになっています。

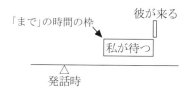 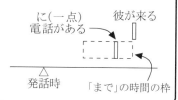

答W3-22 　「基」は，いくつかの詞が集まって常に１つの機能を持つものです。準格詞，たとえば，「について-ni=tuk-i=te-∅」には，5個の詞が集まっています。この形で格を表します。それで，「準格詞」は「基」の形になっているということになるわけです。

W4章 「の」の拡張5段階　　解答例

答W4-1　「我が国」「君が代」いずれも，「が」が実体をつないでいます。

どちらも動詞が不明ですが，推測はできます。

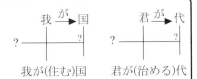

我が(住む)国　　君が(治める)代

答W4-2　AとBが「の」で結ばれているということは，A，Bともに，1つの構造の上にあることを意味します。つまり，AとBは何らかの論理関係を持っている名詞です。

答W4-3　「彼の本」の構造は下左図のようになっています。「彼」と「本」を関係づける動詞の違いで，表現の意味が異なってきます(下右図)。

[彼の本]　　　　　　　　　　　[彼の(書く)本]

動詞	表現	「彼」の意味	文例 (ほかの動詞でも使える)
書く kak-	彼の(書く)本	「彼」は著者	彼の本は読みやすい。
読む yom-	彼の(読む)本	「彼」は読者	彼の本は論文が多い。
持つ mot-	彼の(持つ)本	「彼」は所有者	彼の本は書斎にある。
買う ka(w)-	彼の(買う)本	「彼」は買い手	彼の本はこの手の本だ。
売る ur-	彼の(売る)本	「彼」は売り手	彼の本は美しい絵本だ。
借りる kari-	彼の(借りる)本	「彼」は借り手	彼の本はこの図書館のだ。

ここにあるだけでも「彼」のあり方が6種類あります。このほかにもあります。

答W4-4　「AのB」，たとえば「主婦の調査」というとき，「主婦がの調査」であれば，「主婦が行った調査」であると推測できます。「主婦をの調査」であれば，「主婦を対象とする調査」であると推測できます。

つまり，Aの格を考えることによって，動詞が推測しやすくなる場合があり，その場合「AのB」の意味をより正確に理解できます。

答W4-5　「彼の出発」は，右図の「彼が出発(を)する」の構造から描写された形式です。

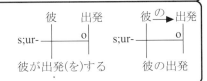

彼が出発(を)する　　彼の出発

答W4-6　　通常の描写法では，「パパは意地悪(だ)。」となります。しかし，ののしりの気持ちを強く表現するためには，これとは異なる「の」による描写法を使います。「パパの意地悪！」

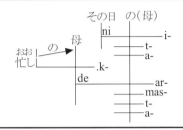

答W4-7　　「大忙しの母でした」は右図の構造であると考えられます。

　　「大忙し」は形容実体「忙し」に微妙意味付加詞の「おお」が付いたものと考えられます。(ただし，「大忙しい」とは言いません。)

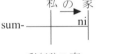

答W4-8　　「私の家」「電車の入口」「北国の便り」はみな「AのB」の形をしています。

私(が)の家　　　電車(に)の入口　　　北国(から)の便り

答W4-9　　「私の服」と「私の」は，聞いて区別はできません。意識が異なるだけです。

答W4-10　　「これは私の服です。」(の[1])の構造は右上図のようになっています。

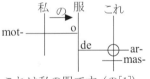

これは私の服です (の[1])
これは私の服です (の[2])

答W4-11　　「これは私の服です。」(の[1])の構造は右上図のとおりです。

　　「これは私の服です。」(の[2])の構造も右上図と同じです (「服」不描写)。

　　「これは私のです。」(の[3])の構造は右図のとおりで，「の」が矢印と実体の両方の機能を持ちます。

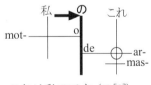

これは私のです (の[3])

答W4-12　　「これは私の本です。」…… This is my book.

　　「これは私の本です。」……*This is my.　とは言いません。

　　「これは私の　です。」…… This is mine.

答W4-13 ┃ 「の」は何らかの実体の代用です。これを動詞で修飾します。

> 私が見た mi-ta の はインドの映画だ。(-ta は正確には-Øi=t-Øi=a-Øu)
> 明日会う a(w)-u の は留学生だ。
> それは，これから空ける ake-ru の に入れてください。

答W4-14 ┃ 「の」は何らかの実体の代用です。これを形容詞で修飾します。

> いちばん辛い kara.k-i の を食べます。
> 彼より早かった haya.k-u=ar-i=ta の は林さんだ。(-ta は簡略表示)
> どれでもほしい hosi.k-i の を取ってください。

答W4-15 ┃ 「の」は何らかの実体の代用です。これを「な基」で修飾します。

> 子どもたちはやわらかな yawaraka-n(i)=a(r-u) の が好きだった。
> きれいな kirei-n(i)=a(r-u) の を写真に撮った。
> ひまな hima-n(i)=a(r-u) の は誰だ。

答W4-16 ┃ 「話すのは彼だ」の「の」は実体で，「人」の代用です。
　　　　　　「話すのはやめる」の「の」は包含実体で，「話す」を実体にしています。

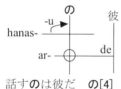

話すのは彼だ の[4]　　　　　話すのはやめる の[5]

答W4-17 ┃ 「あそこで休んだのがよかった」
の構造は右図のとおりです。
　　「あそこで休んだ」が「の」の
包含実体に入って実体となり，
それが，「よかった」の主体と
なっています。

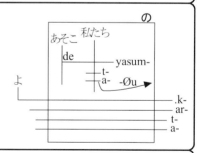

答W4-18 ┃

> | 彼が1人で来る の | が望ましい。
> | 彼が1人で来る の | を期待していた。
> 彼女たちは | 彼が1人で来る の | と出会った。
> 彼女たちは | 彼が1人で来た の | に驚いた。（「来た」にしました。）

W解答例

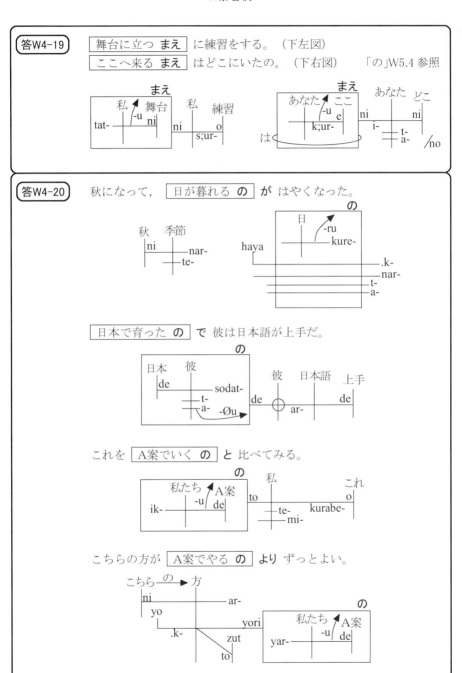

答W4-19

舞台に立つ まえ に練習をする。 （下左図）
ここへ来る まえ はどこにいたの。 （下右図）　　「の」W5.4 参照

答W4-20

秋になって， 日が暮れる の が はやくなった。

日本で育った の で 彼は日本語が上手だ。

これを A案でいく の と 比べてみる。

こちらの方が A案でやる の より ずっとよい。

W5章　「の」の9相　解答例

答W5-1

「健康を祈る」は「健康をの祈り」になるはずですが，「をの」は使えません(p.69 ③)。それで，「祈る」を包含実体(名詞)にして，「彼は健康へ祈りを捧げる」の構造にします。つまり，方向を生かします。そして，「健康」と「祈り」を「の」でつなげば，「健康への祈り」となります。

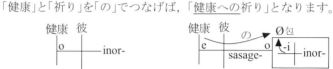

「祈り inor-i=Ø包」の -i は実体修飾第2描写詞です。

答W5-2

「大学に進学する」は「大学にの進学」になりそうですが，「にの」は使えません(p.69 ④)。それで，「大学」を「へ格」に置いて「大学へ進学する」にして，方向を生かします。それで，「大学への進学」となります。

答W5-3

「彼の無視」は同じ表層形式でも構造の違いで意味が異なります(下2図)。

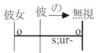 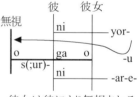

彼は無視する人　　彼は無視される人　　彼女は彼により無視される

「彼による無視」では意味は1つです。それで，誤解がないのです。

答W5-4

「彼が彼女を説得する」(下左図)を「〜による〜の説得」の形にすると，「彼による彼女の説得」(下右図)となります。

これは「彼が彼女を説得する」(下左図)の構造を受身の形に組み込んで作ります。

 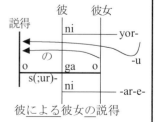

彼が彼女を説得する　　　　彼による彼女の説得

W解答例

答W5-5　「彼は元気なの に 休む」

この例では2つの事象を結びつけて，逆接の状況を伝えています。

「彼は元気なの」は「彼は元気にある」という事象を実体化，つまり名詞化しているだけです。

「彼は休む」も事象を伝えているだけです。

とすれば「に」が両者の逆接の論理関係を伝えていることになります。つまり，「に格」が「逆接的な状況」である気持ちを表現しています。

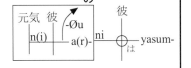

答W5-6　右図のようになります。「から」は包含実体として機能しています。「に」を描写しないこともあります。

試合するから~~に~~は勝利をめざす。

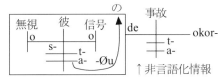

答W5-7　［原因］　彼が信号を無視したの（で，事故が起こった。）

［主張］　現代人はもっと睡眠を取るべきなの（と，主張する。）

［実情］　手伝ってくれる人がいないの（が，実のところ。）

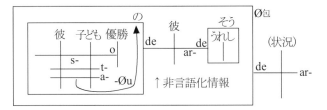

答W5-8　「彼は子どもが優勝したんだ」という表現には，「彼はうれしそうだ」などの前提が想定されます。これは，この文が「の文」だからです。

「彼は子どもが優勝したんだ s-i=t-Ø=a-Ø=n-d=a-Ø」の最後の部分は「したのだ s-i=t-Ø=a-Ø=no-d=a-Ø」に戻すことができます。つまり，「の文」です。構造は下図のとおりになります。

- 125 -

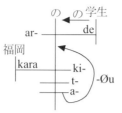

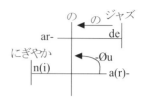

学生の福岡から来たの　　　　　ジャズのにぎやかなの
　の[1]　　　　 の[4]　　　　　の[1]　　　 の[4]

答W5-10　「いにしえを懐かしむの情」の「の」は日本語文法では不要の要素です。漢文調にするときに使います。

「沸き起こりたり」の「たり」は t-Ø=ar-i ですが，最後の -i は ar- の古語の終止形です。

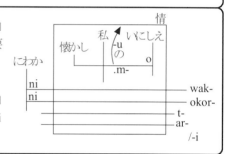

答W5-11　ふつう私たちが「自由の女神」と言っているのは，「自由を守る女神」「自由を与える女神」という意味においてでしょう。「自由を愛する女神」や「自由を好む女神」，まして「自由を憎む女神」ではないでしょう。

答W5-12　「静かな海」という表現は「海の状態が静かである」という意味です。一方，「静かの海」は「静か」と「海」が何らかの意味で関係があるということを表しています。それで，「静かな海」と「静かの海」が同じ意味になっていることもあります。しかし，「静かの海」が別の意味になっている可能性もあります。「『静か』という名の海」，「『静か』という名称を持つ人や事物と何らかの関わりのある海」の場合などです。

答W5-13　現代語では，「あの人」や「あの椅子」，「あの店」のように「あの a-no 」がふつうに使用されます。この a の古形が ka であったので，昔からの語や古めかした言い方では ka が使用され，「かの ka-no 」は，「かの国」「彼女 ka-no-zyo 」「かの君」などと使用されています。

　※日本では古来，三人称は「かれ」でしたが，西欧語の影響で，男女を区別するようになり，女性のほうを「彼女 ka-no-zyo 」というようになりました。（「あの女 a-no-onna 」というとだいぶ印象が異なります。）

答W5-14　「r-母音-n」の母音に a, i, u, e, o を入れて，当てはまるものを考えます。(例は下記のリストのほかにもあります。)

　なお，「r-母音-n → nn」の変音は，母音を発音しないで，r を逆行同化により n にして，2回の接触を1回にする音便です(V1.2 参照)。

下記の k は発音しません。

　　止まらない　tomar-ana.k-i　→ 口内での下線部の接触は2回
　　　　　　　　tomar- na.k-i　→ 母音省略により接触を1回に
　　止まんない　toman- na.k-i　→ r を逆行同化により n にして
　　　　　　　　　　　　　　　　　発音省力化

r-a-n　(1) r-で終わる動詞(例:止まる tomar-)の否定形
　　　　　tomar-ana.k-i 止まらない → 止まんない　tomanna.k-i
　　　　　あたる　怒る　帰る　剃る　取る　分かる　やる　等

r-i-n　(2) r-で終わる(制御可能)動詞(例:止まる tomar-)の口語命令形
　　　　　tomar-i=na 止まりな → 止まんな　toman=na
　　　　　tomar-i=nasai 止まりなさい → 止まんなさい　toman=nasai
　　　　　あたる　怒る　帰る　剃る　取る　渡る　やる　等

　　　　(3) おかえりなさい o-kaer-i=nasai → o-kaen=nasai おかえんなさい
　　　　　下りの kudari-no → kudan=no くだんの　件の
　　　　　残りの nokori-no → nokon=no のこんの（古語）
　　　　　仮名 karina → kanna → kana かな

r-u-n　(4) r-で終わる動詞(例: tomar-)の禁止形，ノ疑問形・命令形
　　　　　tomar-u=na 止まるな → 止まんな　toman=na　(2)参照
　　　　　tomar-u=no 止まるの → 止まんの　toman=no
　　　　　あたる　怒る　帰る　刷る　剃る　取る　分かる　やる　等
　　　　(5) [原因基] 読ませるの yom-as-e-ru=no → yom-as-e-n=no
　　　　(6) 母音末動詞(例: tabe-)の禁止形，ノ疑問形・命令形
　　　　　tabe-ru=na → tabe-n=na ／ oki-ru=na → oki-n=na
　　　　　tabe-ru=no → tabe-n=no ／ oki-ru=no → oki-n=no
　　　　　ほめる　やめる　別れる　／　借りる　落ちる　見る　等

r-e-n　(7) 態詞否定形 rar-e-na.k-i 見られない → 見らんない
　　　　　載せられない　食べられない　いられない　降りられない

r-o-n　(8) いろいろな iroiro-na →いろいんな iroin-na →いろんな ironna

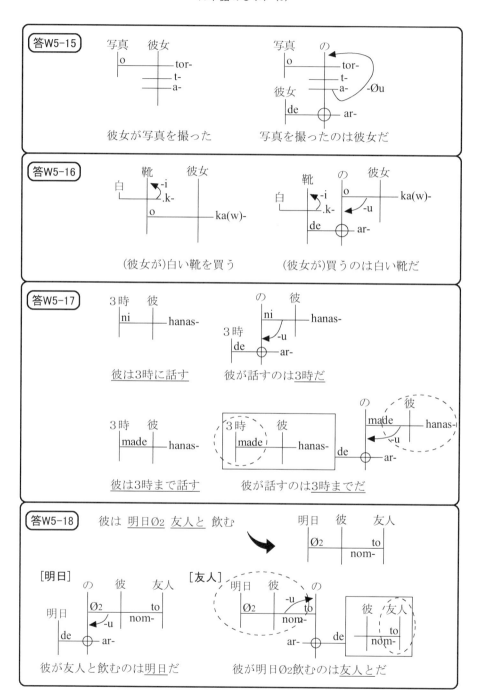

答W5-15

彼女が写真を撮った

写真を撮ったのは彼女だ

答W5-16

（彼女が）白い靴を買う

（彼女が）買うのは白い靴だ

答W5-17

彼は3時に話す

彼が話すのは3時だ

彼は3時まで話す

彼が話すのは3時までだ

答W5-18

彼は 明日Ø2 友人と 飲む

[明日]

彼が友人と飲むのは明日だ

[友人]

彼が明日Ø2飲むのは友人とだ

W6章　実体の分類Ⅰ（形式）　　解答例

答W6-1　　「普通実体」は構造において，ふつうの円柱で表される実体です。A〜Fのものがありますが，p.87に一覧表があります。A，B，Cはふつうに名詞とよばれる詞です。Dは「の」で，何らかの名詞の代用をします。Eは立つ格が1格とか2格とかに限定されています。副詞とよばれるものが多いです。Fは否定と関わります。

　　「普通実体」は，pp.88-89で説明されています。

答W6-2　　実体[5]も実体[6]も包含実体で，似ています。

　　実体[5]は動詞，形容詞が実体に転成するものです。動詞の場合は -i で，形容詞の場合は -u でØの包含実体を修飾します。

　　実体[6]はある構造全体が実体になるもので，その構造の属性が動詞の場合は -u で，形容詞の場合は -i で，包含実体を修飾します。包含実体は意味のないもの(例:「Ø」)も，あるもの(例:「とき」)もあります。

答W6-3　　はい。「青」は，実体[1]では普通実体(名詞)として，実体[7]では形容実体(形容詞)として使います。

実体[1] 青に変わる　　実体[7] 目が青い

答W6-4　　「ひらひら」は小さく薄いものが揺れながらゆっくり落下していく様子を表現する実体で，「と格」にしか立ちません。普通実体Eです。

花びらがひらひら(と)散る

答W6-5　　「山」は属性「美しい」に対しては主格に，属性「撮った」に対しては「を格」(目的格)に立っています。

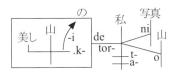

答W6-6　　「奥さん元気？」の場合は発話者と聞き手が決まっているでしょうから，この「奥さん」は特定の人をさすので，普通実体Bにあたります。

　　「彼，奥さんいるの？　独身？」の場合は，「奥さん」は特定の人ではなく，一般論の「奥さん」なので，普通実体Aにあたります。

答W6-7 この発話は特定の人により，特定の日時に行われたものと考えられます。「来週」は具体的な週でしょうから，普通実体Cです。

答W6-8 「の」は「着物」の代用実体で，普通実体Dです。

「もの」はこの発話の状況で，「母の着物」と決まりますから，普通実体Cです。

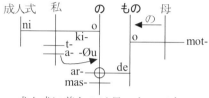

成人式に着た<u>の</u>は母の<u>もの</u>です

答W6-9 「あながち」は普通実体Fで，否定属性にしか関わりません。それを「できる」という肯定に関わる形で使用しているのでおかしいのです。

答W6-10 「いつ」は疑問実体なので，構造モデルでは属性に空所を作ります。この空所は埋められることが期待されますので，これを埋めるために答えることになります。

答W6-11 「いつ」「いつか」は「∅2格」に立ちます。

「いつ」は「いつ∅2歌いますか」と聞くように，<u>事象の生起する日時を</u><u>たずねます</u>。(この「か」は疑問描写詞です。)

「いつか」は，「いつか∅2歌います」「いつか∅2歌いました」と言うように，<u>事象生起はあるけれども，その日時が不特定・不確かであること</u><u>を表明します</u>。

なお，「か」は，不明さを表す**包含実体の「か」**であることもありますから，同じ「いつか」でも，「彼が歌うのは<u>いつか</u>知っていますか。」という文は上と同じようには扱えません。この文はこう言い直すことができます。「彼が歌うのは<u>いつである</u><u>か</u>を知っていますか。」

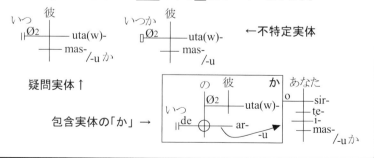

W解答例

答W6-12 はい,「か」と似ています。「いつ」を「も」で埋めて「いつも」とすると, 不特定の全体の意味になります。この「も」は否定で使用することが多いようです。

「どこ**か**へ」ではなく「どこ**へ**も」で,「か」とは格の位置が異なります。

いつもいる　　　　いつもいない　　　どこ(へ)も行かない

答W6-13 「苦み niga+mi」の「苦 niga」は, 形容詞「苦い niga.k-i」の形容実体で, これが円筒実体の「み mi」に入ったものです。+は複合手です。

答W6-14

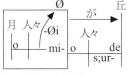　　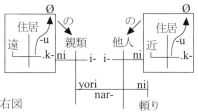

「月見が丘」は上図

「遠くの親類より近くの他人」は右図

答W6-15

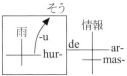　　　　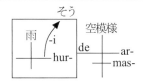

雨が降るそうです　　　　　　雨が降りそうです

「降るそう」では,「そう」が伝聞など,「情報の内容」を伝えます。この「そう」を動詞は修飾第1描写詞(-u)で修飾します。

「降りそう」では,「そう」が「見た様子」を伝えます。この「そう」を動詞は修飾第2描写詞(-i)で修飾します。

答W6-16 「辛い**の**」の「の」は[**の4**]です。-i は形容詞の第1修飾です。

「食べた**の**」の「の」は[**の5**]です。-u は動詞の第1修飾です。

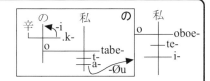

答W6-17　「理由」は事象を表す構造を包含し，その事象の「理由」を示します。事象を表す文は名詞化され，他の動詞（osie-）の任意の格に置くことができるようになります。

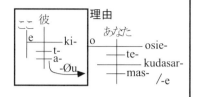

W7章　実体の分類Ⅱ（肯否）　　解答例

答W7-1　「かすか」とは「わずかながら認められるさま」，つまり，肯定を意味するので，「かすかに見え<u>ない</u>」のように，否定では使用できません。「かすか」は表ではA型客体であり，これは肯定でしか使用しません。

答W7-2　「はっきり分からない」は<u>否定1</u>で，「分かる」の程度が「はっきりではない」という意味です。「一応分かります。」

「絶対分からない」は<u>否定2</u>で，否定「分からない」の程度が「絶対」であるという意味です。「どうしても分かりません。」

 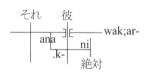

答W7-3　はい。「とうてい・到底」というのは「つまるところ」という意味で，肯定で使用されていましたが，明治時代に「どうしても〜ない」という否定使用が生まれました。これは肯否3，つまり，否定属性 (a)na.k- に直接関わる詞としての使用で，「到底」の現在の使用法となっています。（下図では理解の助けとして二重主語が単主語にしてあります。）

[肯否1](肯定)　　　　[肯否2](否定1)　　　　　[肯否3](否定2)

答W7-4　はい。「完全に分からない」は，<u>「完全に」が否定されて</u>(否定1)，「完全には分からない」（80％分かる）の意味と，<u>「分かる」が否定されて</u><u>(否定2)</u>，「まったく分からない」（0％分かる）の意味があります。

答W7-5　下の表のとおりです。

格表示の( )は表示が任意であることを示します。

実体	格表示	肯定	否定1	否定2	型
幸い	(に)	幸い彼に会える		幸い鬼に会わない	D
いささか	Ø2	いささか困った			A
とわ	に	とわに続く	とわに続かない	とわに噴火しない	C
すぐ	(に)	すぐやる	すぐやらない		B
めった	に			めったにやらない	E

答W7-6　数量実体の「全員，全部，皆」などは，単一体としての扱いと集合体としての扱いがあります。詳しくは『文法』35.1 に述べられています。

答W7-7　「さほど」は，古語に「さほどほしがる」のような肯定での使い方があり，これが否定1で「さほどほしがらない」となります。つまり，「さほど」は，古語ではB型客体です。現代語では肯定では使わないようになっていますので，現代語だけに限れば，G型客体といってもいいでしょう。けれども，もとからG型客体であったわけではありませんので，G型客体の存在があるというには不十分な気がします。

答W7-8　「Ø1格」は本来の主格(格表示されません。)を表します。

　　　　この木Ø1(は)，ソメイヨシノです。

　　「Ø2格」は，格はあるのに格表示できない格を表します。

　　　　この木を，おととしØ2植えました。

　　つまり，「Ø1格」「Ø2格」とも，格はあるのに「に，を」などの音で表示されない格の存在を見えるようにしたものです。格の見える化です。違いは「Ø1格」が(本来的な)主格で，「Ø2格」が客格であることです。

答W7-9　「もっとたくさん」は，「もっとたくさん食べてください(ませ)。」のような文の一部です。この場合，「もっと」は「食べる」あるいは「たくさん食べる」を修飾しています(先立っています)。表層文だけを見ると，「もっと」が「たくさん」を修飾しているように見えます。

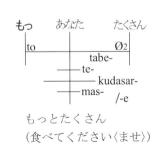

もっとたくさん
(食べてください〈ませ〉)

答W7-10　国語文法のいう「程度副詞」です。p.108 にある(5)の例では，「もっと」という程度副詞が「ゆっくり」という情態副詞を修飾しているように見えます。(6)の例では，「ずっと」という程度副詞が「昔」という名詞を修飾しているように見えます。

　　国語文法では，この例のように，「程度副詞」が他の副詞や名詞を修飾すると考えています。

　　本文法では，そもそも副詞というものは考えません。構造内に副詞とよべる要素はないからです。これは次の答え(↓)のような考え方によります。

答W7-11　国語文法で「副詞」というものをいくつか構造で示してみます。

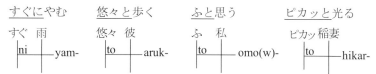

　　上の「副詞」といわれているものは，実は，単一格にしか立たない普通実体Eです。「ふと」の「ふ」は，「ピカッ」のような擬態語でしょう。

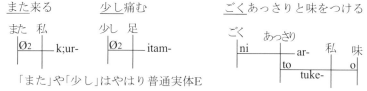

　　「また」や「少し」はやはり普通実体Eですが，立つ格は「Ø2 格」です。「ごく」は「あっさり」のあり方です。

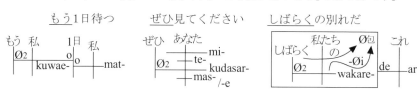

　　「もう」はp.107 を参照。「ぜひ」は kudasar-i(=mas-e)と関わっています。「しばらく」などは「の」とともに使われることがあるといわれますが，上図のような構造と考えられます。

　　「晴れて大学生となる」の「晴れて」は動詞のテ形が決まった意味を持つようになったものです。

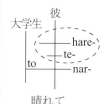

　　上のように構造上では「副詞」とよべる要素はありません。

あとがき

人間の根源に根ざす文法

　本書では，「構造形成の力」と「格」と「の」と「実体の分類」について考えました。日本語構造伝達文法は，考察の根拠を可能な限り，人間の根源的な部分に求めたいと考えています。本書で扱った事項もその原則にのっとっているはずです。

既成文法理論

　この原則の上に立つとき，文法を扱う既成の言語理論には疑問が湧きます。……ある理論のいう「深層構造」は，人間の根源に根ざすものではなく，「表層構造の変形」であるにすぎないようにみえます。……また，ある理論は「参照点」というものを重要視しますが，その根拠がどこにあるのか疑問です。……国語文法は，かなを用いて見えるものだけを，見えるがままに考察するだけです。

　しかし，日本では，これらのいずれかの文法理論に立脚しないと，研究をしたことになりません。

既成文法理論以外は存在しないも同然

　「日本語構造伝達文法」はいずれの理論も文法理論としてはあまり評価していません。発案者である私自身は，幸い，いずれの理論の学徒となったこともありませんので，いずれの理論からも自由です。しかし，それだけに日本においては，「日本語構造伝達文法」の理論は，あってもなきが如しです。学会に論文を投稿しても，審査もしてもらえません。既存の文法家にとっては，関係のない，無視すべきものとなっています。日本の学会とはいったい何なのでしょうか。

日本語構造伝達文法の願い

　まもなくこの世を辞する身としては，もし，「日本語構造伝達文法」の考え方を生かしてみようと考える人がいれば，次のことを考慮していただきたいと思います。
- 「格」は言語に普遍的な要素ですが，これの科学的な捉え方を見つけ，格がいくつあるのか，その分類をどうすればよいのか，について研究すること(W2.5，W2.6)。
- 日本語のようなSOVの語順は，人間の言語の元来の語順のようです。それが，印欧語では，ある事情で，SVOの語順になり，定着しています。語順とその関連について考察すること(『日本語・中国語・印欧語－日本語構造伝達文法・発展D－』)。
- 「日本語構造伝達文法」は日本語の押さえるべきところは押さえたつもりですが，まだやるべきことが多々あります。それを研究すること。

感謝

　本書では特に次の方々に感謝しています。ほんとうにありがとうございました。
- 「日本語構造伝達文法」を理解し，これに基づく本書『日本語のしくみ』に励ましのお言葉をくださる方々
- 「日本語構造伝達文法の歌・4」の作成にあたり，助言を賜った澁谷郁代先生

本書を読んで答えられるようになったこと

　本文中の 101 問に加え，次のような問いに答えられるようになったことと思います。

1　考えたり，発話をしたり，人の話を理解したりするときに働く力は？　p.3

2　自分の脳内の個人百科事典の，個性的な特徴を挙げてください。　p.5

3　もし格がないと，どういうことになりますか。　p.8

4　無格と無格詞の違いは何ですか。　p.10

5　主格，目的格と他の格の違いは何ですか。　p.11

6「彼が書いた本が出版された。」この「本」を kak-の「を格」から「に格」に変えて。p.16

7「あなた昨日吉屋寄って牛丼食べた？」の名詞に格詞がなくてもよいのはなぜ。p.17

8「彼に鍵を借りた」「彼に鍵を返した」2つの「に格」は同じ格？なぜ同じ「に」？　p.18

9　格を分類する普遍的な法則はあるでしょうか。どう考えますか。　pp.19-20

10「を格」が目的格だけを示すのでないのはなぜですか。　pp.22-27，pp.30-31

11「が格」が主格を表すようになったのは，従属節内が先ですか，主文内ですか。p.28

12「彼には(これが)持てない。」「彼」は動作主なのになぜ「に格」なのですか。p.33

13　格の「へ」「から」「まで」は，元来は名詞でしたか。　p.34，p.41，p.42

14　アルバムの写真に添えて，「公園で」と「公園にて」のどちらを書きますか。p.36

15「これって，おいしいの？」の「って」は格詞「と」と関係がありますか。　p.40

16　格を表さない「まで」もありますか。　p.43

17　国語文法に「Ø1格」「Ø2格」の認識がないのはなぜですか。　p.44

18「私たちにとってうれしい知らせが届いた。」の下線部は格のようですか。　p.46

19「の」の機能，の[1]，の[2]，の[3]，の[4]，の[5] について説明して。　pp.54-66

20「『の』は所有格を表す。」という言い方に含まれる2つの間違いは何ですか。p.54

21「家にいるより，学校に行きたい。」の格詞「より」は動詞に付いていますか。p.64

22「AのB」の形はなぜ誤解しやすいのでしょうか。　p.68

23「AがのB」「AをのB」「AにのB」と言わない理由は何ですか。　p.69

24「の」の9相とは何ですか。　W5 章

25　文を名詞化するのは何のためですか。　p.74

26「普通実体」の構造上の形式はどんなものですか。　p.86

27「普通実体」にA～Fがありますが，それぞれの特性を説明してください。pp.86-89

28　実体は形式から8種類に分けられますが，それぞれどんな形式ですか。　pp.84-96

29　動詞と形容詞の否定は，同じ否定詞で行いますか。　p.96

30「否定1」と「否定2」の違いは何ですか。　p.98

31　格表示をする場合としない場合で，意味が変わる実体の例を挙げてください。p.99

32　肯定と否定での属性への関わり方で分類すると，客体は，何種類ですか。　p.100

33　実際使用において，C型客体はどんな問題がありそうですか。　p.100

2020 年 4 月　今泉喜一

今 泉 喜 一 (いまいずみ きいち)

1948 年　群馬県生まれ(東京都板橋区育ち)
1973 年　東京外国語大学(モンゴル語学科)卒業
1975 年　東京外国語大学大学院修士課程(アジア第1言語研究科)修了
1978 年　国立国語研究所日本語教育長期専門研修受講
1979 年～ 1990 年　国際交流基金より日本語教育専門家として派遣される
　　　　・モンゴル国立大学（在ウランバートル）
　　　　・在カラチ日本国総領事館日本文化センター（パキスタン）
　　　　・スペイン公立マドリッド・アウトノマ大学
1990 年～　杏林大学外国語学部講師
1993 年～　杏林大学外国語学部助教授
1998 年～　杏林大学外国語学部教授
1998 年～　韓国・高麗大学校客員研究員（1年間）
2000 年～　杏林大学大学院（国際協力研究科）教授兼任
2008 年　博士号取得（学術博士・杏林大学）
2012 年～　Marquis Who's Who in the World に掲載される
2014 年　杏林大学定年退職

著書　『日本語構造伝達文法』(2000 年版)　揺籃社, 2000
　　　『日本語構造伝達文法』(12 年改訂版)　揺籃社, 2012
　　　『日本語構造伝達文法　発展A』　揺籃社, 2003
　　　『日本語態構造の研究－日本語構造伝達文法　発展B』　晃洋書房, 2009
　　　『主語と時相と活用と－日本語構造伝達文法・発展C』揺籃社, 2014
　　　『日本語・中国語・印欧語－日本語構造伝達文法・発展D』揺籃社, 2018
　　　『日本語のしくみ(1)－日本語構造伝達文法 S－』　揺籃社, 2015
　　　『日本語のしくみ(2)－日本語構造伝達文法 T－』　揺籃社, 2016
　　　『日本語のしくみ(3)－日本語構造伝達文法 U－』　揺籃社, 2017
　　　『日本語のしくみ(4)－日本語構造伝達文法 V－』　揺籃社, 2019

E-mail:　ki1imaizu@yahoo.co.jp
　　　　　(イチ)

「日本語構造伝達文法」ホームページ　（「ニコデブ」で検索可能）
http://www012.upp.so-net.ne.jp/nikodebu/

日本語のしくみ (5)
－日本語構造伝達文法 W－　　　　　　　　定価 700 円＋税

2020 年 5 月 8 日発行
　　　著　者　今 泉 喜 一
　　　発行者　比 嘉 良 孝
　　　発　行　揺 籃 社
　　　　　　〒 192-0056　東京都八王子市追分町 10-4-101
　　　　　　TEL 042-620-2626　　E-mail:info@simizukobo.com
　　　　　　印刷／(株)清水工房　　製本／(有)宮沢製本

ISBN978-4-89708-429-9 C1081　　　落丁・乱丁本はお取替えいたします。